汇添富基金·世界资本经典译丛

流亡华尔街

——一名分析师拯救大银行的抗争

迈克·梅奥
(Mike Mayo) 著

罗清亮 黄 漪 译

上海财经大学出版社

图书在版编目(CIP)数据

流亡华尔街:一名分析师拯救大银行的抗争/(美)迈克·梅奥(Mayo M.)著;罗清亮,黄漪译.一上海:上海财经大学出版社,2013.8

(汇添富基金·世界资本经典译丛)

书名原文:Exile on Wall Street:One Analyst's Fight to Save the Big Banks from Themselves

ISBN 978-7-5642-1615-3/F·1615

Ⅰ.①流… Ⅱ.①迈… ②罗… ③黄… Ⅲ.①银行-企业内部管理-美国 Ⅳ.①F837.12

中国版本图书馆CIP数据核字(2013)第072563号

□ 责任编辑 李成军
□ 封面设计 钱宇辰
□ 版式设计 孙国义
□ 责任校对 廖沛昕 卓 妍

LIUWANG HUAERJIE

流亡华尔街

——一名分析师拯救大银行的抗争

迈克·梅奥
(Mike Mayo) 著

罗清亮 黄 漪 译

上海财经大学出版社出版发行
(上海市武东路321号乙 邮编200434)
网 址:http://www.sufep.com
电子邮箱:webmaster @ sufep.com
全国新华书店经销
上海华教印务有限公司印刷
上海远大印务发展有限公司装订
2013年8月第1版 2013年8月第1次印刷

787mm×1092mm 1/16 10印张(插页:6) 163千字
印数:0 001—4 000 定价:37.00元

拨动琴弦

唱一首经典

资本脉络

在伦巴第和华尔街坚冷的墙体间，仍然

依稀可见

千百年后

人们依然会穿过泛黄的书架

取下

这些书简

就像我们今天，怀念

秦关汉月

大漠孤烟

……

图字:09-2013-79 号

Exile on Wall Street: One Analyst's Fight to Save the Big Banks from Themselves

Mike Mayo

总序

“世有非常之功，必待非常之人”。中国正在经历一个前所未有的投资大时代，无数投资人渴望着有机会感悟和学习顶尖投资大师的智慧。

有史以来最伟大的投资家，素有“股神”之称的巴菲特有句名言：成功的捷径是与成功者为伍！（It's simple to be a winner，work with winners.）

向成功者学习是成功的捷径，向投资大师学习则是投资成功的捷径。

巴菲特原来做了十年股票，当初的他也曾经到处打听消息，进行技术分析，买进卖出做短线，可结果却业绩平平。后来他学习了格雷厄姆的价值投资策略之后，投资业绩很快有了明显改善，他由衷地感叹道：“在大师门下学习几个小时的效果远远胜过我自己过去十年里自以为是的天真思考。”

巴菲特不但学习了格雷厄姆的投资策略，还进一步吸收了费雪的投资策略，将二者完美地融合在一起。他称自己是“85%的格雷厄姆和15%的费雪”，他认为这正是自己成功的原因：“如果我只学习格雷厄姆一个人的思想，就不会像今天这么富有。”

可见，要想投资成功很简单，那就是：向成功的投资人学投资，而且要向尽可能多的杰出投资专家学投资。

源于这个想法，汇添富基金管理公司携手上海财经大学出版社，共同推出这套“汇添富基金·世界资本经典译丛”。开卷有益，本套丛书上及1873年的伦巴第街，下至20世纪华尔街顶级基金经理人和当代“股神”巴菲特，时间跨度长达百余年，汇添富基金希望能够籍此套丛书，向您展示投资专家的大师风采，让您领略投资世界中的卓绝风景。

在本套丛书的第一到第九辑里，我们先后为您奉献了**《伦巴第街》**、**《攻守兼备》**、**《价值平均策略》**、**《浮华时代》**、**《忠告》**、**《尖峰时刻》**、**《战胜标准普尔》**、**《伟大的事业》**、**《投资存亡战》**、**《黄金简史》**、**《华尔街的扑克牌》**、**《标准普尔选股策略》**、**《华尔街50年》**、**《先知先觉》**、**《共同基金必胜法则》**、**《华尔街传奇》**、**《大熊市——危机市场生存和盈利法则》**、**《证券分析》**、**《股票估值实用指南》**、**《货币简史》**、**《货币与投资》**、**《黄金岁月——美国股市中的非凡时刻》**、**《英美中央银行史》**、**《大牛市(1982～2004)——涨升与崩盘》**、**《从平凡人到百万富翁》**、**《像欧奈尔信徒一样交易——我们如何在股市赢得18 000％的利润》**等五十六本讲述国外金融市场历史风云与投资大师深邃睿智的经典之作。而在此次推出的第十辑中，我们将继续一如既往地向您推荐五本具有同样震撼阅读效应的经典投资著作。

大名鼎鼎的华尔街在如今的全球化时代可谓无人不知谁人不晓，但当它与“流亡”、“拯救”这样触目惊心的词汇联系在一起时，又将碰撞出怎样奇异非凡的智慧火花呢？**《流亡华尔街—— 一名分析师拯救大银行的抗争》**一书并不是通常意义上的金融教科书，但所具有的教育意义对于金融行业从业者和普通民众而言却弥足珍贵。它提供了华尔街最稀缺的事物：有关美国最大型银行的真相以及这些银行如何几乎推翻了资本主义的过程。本书作者迈克·梅奥是过去20年中最顶尖的银行和金融分析师之一，曾被《财富》杂志评为“成功预见危机的8位预言者之一”，就职于华尔街多家公司。在整个职业生涯中，他一直致力于分析和揭露当代最重大的金融和政治问题——金融和银行在美国的作用。通读本书，你会了解大型银行的真正内部运作方式以及现今的华尔街在哪些方面出现了像过去的大崩盘前一样糟糕的局面。本书分析了市场崩盘的余波，指出了系统中仍存在的众多漏洞，并提供了切实的解决方案。对于任何对商业和金融、银行业的未来和金融崩溃的根本原因感兴趣的人极具吸引力。

美国国债市场是世界历史上规模最大、流动性最强的单一发行方债务市场，全世界都为了追逐这一“最安全投资”纷至沓来，争先恐后地力图分一杯羹。**《美国国债市场的诞生——从第一次世界大战到“大萧条”》**一书将为你讲述美国国债市场这一现代金融奇迹“艰难困苦、玉汝于成”的成长史。本书追溯了美国国债市场从第一次世界大战前的金融困境到第二次世界大战前夕发展至几百万美元规模的具有不容忽视和无可比拟地位的创建历史:美国财政部此间进行了自美国内战后的第一次大规模筹款,而联邦储备系统初创不久;美国国债市场四大支柱中的三个起源于1917～1939年——定期和规律性的发行,旨在获得更广范围内市场参与者的标售(Auction Sales)发行方式,以及财政部税收和借贷系统。本书关注于美国国债管理政策,描述了美国财政部现代惯例的起始;记叙了时任美国财政部长的作为和就当时经济状况的对策;介绍了美国国债为第一次世界大战筹款、战后发行新债代替旧债和最终偿还,以及大萧条时期应对长期赤字的始末。带着一个世纪前的创新是否适用于现代的疑问,本书作者肯尼斯·D.加贝德向我们集中呈现了在1917～1939年这个麻烦不断的四分之一世纪里,国债市场作为美国力量的基石得以形成的历史过程。

“授人以鱼不如授人以渔”,想在风云变幻的投资市场上立于不败之地,好好学习一下顶级投资大师持续战胜市场的成功投资策略与经验,绝非是可有可无的。《**安东尼·波顿教你选股——解析欧洲顶级基金经理的投资策略**》一书为我们开启了一段足以与投资大师沃伦·巴菲特、彼得·林奇等相媲美的投资传奇。本书作者安东尼·波顿作为富达特殊情形基金经理,是欧洲最成功的基金经理人之一,管理着拥有每年超过20%的平均复合增长率、每年超过《金融时报》全股指数7%的水平的基金,持续战胜市场长达30年之久。本书深入分析了波顿管理基金的方式,以及过去二十多年的投资成果。他通过自己的亲身经历,深入浅出地传授了独家选股秘诀,以及多年形成的卓有成效的逆向投资策略。通读本书,你会深入了解安东尼·波顿判断股票真实价值的详尽过程,包括如何识别影响一家企业业绩的关键变量,尤其是那些无法控制的货币、利息率和税率变化等对股票成长至关重要的因素;如何尝试识别出当下被人忽视,却能在未来重新获得利益的股票。该书将会帮助你成长为一位拥有长远眼光、与众不同、能发现真正价值的逆向投资者。

社会影响力是有着深刻的社会背景和价值内涵的新晋概念,但进入中国之后却变得愈加模糊。在思考方式发生巨大转变的背景下,社会影响力投资将会带给我们一些制度性的变革。《**社会影响力投资——创造不同,转变我们的赚钱思维**》首开社会影响力投资著作之滥觞,是第一本描述这一新兴行业催化路径,以及解释其如何成为积极的破坏性力量的书。它显示了社会影响力如何成为在投资谱系中传达“综合价值”的改变工具,给予之前独立进行的一组活动一个唯一的名字，揭示了这些活动如何联系在一起成为一种新的投资领域，为融资方程各边的所有参与者（投资者、创办人和社会企业家）明确了这个新兴行业。本书由正在发展的社会影响力投资领域的两位领导者安东尼·巴格—莱文、杰德·艾默生联袂撰写，但在撰写的过程中并没有采用规范的方法阐述投资者应该如何投资，而是显示了社会企业家和机构如何提供类似的选择。书中充满了社会影响力投资成功的故事，揭示了这一领域如何扩张来解决当今最重要的社会和环境问题，研究了大量的社会影响力投资申请和创业机遇。

当年欧元的使用开启了一个空前乐观的崭新时代，可谓一时风头无两。何曾想十多年后，被无数人寄予厚望的欧元却又深陷泥潭，风雨飘摇。《**欧元的悲剧**》一书的出现，向读者十分及时地阐明了欧洲货币体系的创建如何引发了一场灾难。本书融合了翔实的历史分析和系统的理论分析。在历史分析部分探讨了欧元及欧洲央行的起源，揭露了各国政府、政治家和银行家的利益博弈；在理论分析部分，剖析了欧元体系的运作方式和机制，揭开了欧元体系作为一个自我毁灭体系的面纱，该体系导致横跨整个欧盟的大规模利益重新分配，从而刺激各国政府将欧洲央行作为填补赤字的工具。西班牙胡安卡洛斯大学经济学教授菲利普·巴格斯在本书中将向你证明“公地悲剧”是如何在欧元体系中上演的（即不同的欧洲政府如何能榨取单一货币的利用价值的）。

投资者也许会问：我们向投资大师、投资历史学习投资真知后，如何在中国股市实践应用大师们的价值投资理念？

事实永远胜于雄辩。中国基金行业从创立至今始终坚持和实践价值投资与有效风险控制策略，相信我们十多年来的追求探索已经在一定程度上回答了这个问题：

首先，中国基金行业成立十余年来的投资业绩充分表明，在中国股市运用长期价值投资策略同样是非常有效的，同样能够显著地战胜市场。几年来我们旗下基金的优秀业绩，就是最好的证明之一。价值投资最基本的安全边际原则是永恒不变的，坚守基于深入基本面分析的长期价值投资，必定会有良好的长期回报。

其次，我们的经历还表明，在中国股市运用价值投资策略，必须结合中国股市以及中国上市公司的实际情况，做到理论与实践相结合，勇于创新。事实上，作为价值型基金经理人典范，彼得·林奇也是在总结和反思传统价值投资分析方法的基础上，推陈出新，取得了前无古人的共同基金业绩。

最后，需要强调的是，我们比巴菲特、彼得·林奇等人更加幸运，中国有持续快速稳定发展的经济环境，有一个经过改革后基本面发生巨大变化的证券市场，有一批快速成长的优秀上市公司，这一切将使我们拥有更多、更好的投资机会。

我们有理由坚信，只要坚持深入基本面分析的价值投资理念，不断积累经验和总结教训，不断完善和提高自己，中国基金行业必将能为投资者创造长期稳定的较好投资回报。

"他山之石，可以攻玉"。十几年前，当我在上海财经大学读书的时候，也曾经阅读过大量海外经典投资书籍，获益匪浅。今天，我们和上海财大出版社一起，精挑细选了上述这些书籍，力求使投资人能够对一个多世纪的西方资本市场发展窥斑见豹，有所感悟；而其中的正反两方面的经验与教训，亦可为我们所鉴，或成为成功投资的指南，或成为风险教育的反面教材。

"辉煌源于价值，艰巨在于漫长"，对于投资者来说，注重投资内在价值，精心挑选稳健的投资品种，进行长期投资，将会比你花心思去预测市场走向、揣测指数高低更为务实和有意义得多。当今中国正处在一个稳健发展和经济转型相结合的黄金时期，站在东方大国崛起的高度，不妨看淡指数，让你的心态从容超越股市指数的短期涨跌，让我们一起从容分享中国资本市场的美好未来。在此，汇添富基金期待着与广大投资者一起，伴随着中国证券市场和中国基金业的不断发展，迎来更加辉煌灿烂的明天！

张　晖
汇添富基金管理有限公司投资总监
2013 年 7 月 5 日

目 录

导 言

酒中掺水

前不久,我有了一种顿悟。在中国香港机构投资者晚餐聚会交谈中,它悄然出现。此次会议为期5天,约有1 300名投资者参加,其中不乏世界500强企业的管理者。巴基斯坦前总统佩尔韦兹·穆沙拉夫(Pervez Musharraf)提到了自己国家在全球经济一体化中的重要作用;历史学家西蒙·沙玛(Simon Schama)讨论了当前美国在全球事务中的地位问题;电影导演弗朗西斯·福特·科波拉(Francis Ford Coppola)飞抵大会,发表了有关叙事重要性的演讲。亚洲经济仍持续过热,其经济增长率是美国的3倍,由此产生了数以亿计的中产阶级——这些事件都出现在经济增长中心。种种迹象表明,在下一个10年里,中国有可能超越美国,成为世界上最大的经济体。我女儿为何申请到纽约城市学院学习汉语普通话?或许,这就是原因所在。

但是,真正触动我的事情是,在我抵达会议当天的晚宴上,某人所说的一席话。刚刚经历了从纽约到中国香港16个小时的长途飞行,这是世界上最长的直飞航线之一,之后,我与十几位亚洲主要国家的银行分析师共进晚餐。我们被安排在王朝饭店,一家米其林星级酒店,面朝维多利亚港,景色优美,然而,我却受时差困扰,不能尽享美景。

十道菜上罢,我们围坐一桌,讨论着这个特定市场上银行业的当前形势。这才是聚餐的真正目的所在——通过这种方式分享信息，大家分别扮演着各自国家非官方使节的角色。

日本银行分析师谈到的问题是，政府政策如何才能让银行继续向企业贷款，尽管这些企业以及很多银行在多年前就应该产生交集了。然而，它们却如同行尸走肉一般。中国分析师谈到，自己国家仍有巨大的发展空间。中国的消费者信用，仅仅是美国水平的1/5左右，这与其在全球经济体所占的比重一样。对中国银行股投资者而言，这个过程在短期内会起伏不定，但是，从长远角度来看，其前景非常迷人。接下来，韩国银行分析师进行了发言，之后就是泰国、印度尼西亚依次交流发言。

我知道，应该快轮到自己发言了，开始思考应该说些什么。此时，我正在和花旗银行分析师公开争论某些会计问题，花旗银行分析师对我的观点并不感兴趣，断然进行回击。过去几个月，我一直关注媒体报道，比如美国全国广播公司财经频道和《华尔街日报》等，公司要么无视我所提出的问题，要么就是在报纸上对我的文章随意删减。会后几周内，总会产生一个结果，但是，在此期间，财经界则会持续进行跟踪报道。

对我而言，这种斗争毫不陌生。我从事银行分析师这一行已20余年，本职工作就是研究金融公司的公开交易，同时，去判断哪家公司是最佳投资对象。我的研究成果主要为机构投资者服务，包括共同基金公司、大学捐赠基金、公职人员退休基金、对冲基金、私人养老基金，以及其他管理大资金的机构。一些与我会面的基金管理者掌管着100亿美元资金，有时甚至更多，他们会投资银行股及其他行业股票。如果他们相信我，就会根据我的意见进行投资，所有交易也会通过我就职的公司来操作。

这部分工作非常难做。在我的职业生涯中，有一半的时间是从事相关工作，尤其是过去5年左右的时间，我对此持续进行研究，发现多数大银行并没有产生良好的投资业绩。其投资结果异常糟糕，会下跌50%、60%、70%，甚至更多。事实上，哪怕你不做任何分析，坚持认为银行类股票是最差的——它们并不值得你进行投资，它们不是运营良好的公司，之后你就会取得非常好的投资绩效。投资者并不需要这样的分析报告。

多年来，我始终反复大力宣扬这件事情。追溯到1999年，我就指出了银行业的某些问题——诸如风险过度、银行家获得巨额报酬、过度放贷行为。在21

世纪,同样的问题不断积聚,最终,在2007～2008年金融危机中爆发了,它击倒了雷曼兄弟公司、贝尔斯登公司,以及几十家更小的银行和储蓄机构。然而,由于你对银行持有负面看法,因此你并不会赢得银行的欢迎。我声嘶力竭地呼喊,却被故意忽视,甚至被采取法律行为进行威胁,还会被供职公司的管理者所嘲笑,所有这一切都试图让我的立场软化下来。

我之前所供职公司的回应,也并不比这更好——我全方位地观察银行,不仅从分析师的角度,而且也从银行员工的角度来进行观察分析。有时,同事会到被我批评过的银行招徕业务,当我谈到一些他们不喜欢听的事情时,就会面临强烈抗议。为了信念,我赌上了自己的职业生涯,有时,这种执著会让我不得不去寻找新工作——因为公司会解雇我。

职业生涯的每个阶段,我几乎都会经历艰苦的斗争。最初,我竭尽全力在华尔街谋求一份工作,5年时间内,我向20多家公司投递了简历,之后,才得到了首次面试机会。再后来,我分别就职于瑞士联合银行、雷曼、瑞士信贷、保诚证券(Prudential Securities)、德意志银行以及其他一些金融机构。

然而,我的资历也值得为之拼搏。如今,我仍旧身在局中,也依旧深爱着自己的工作。2002年,参议院银行委员会调查华尔街利益冲突问题,我是唯一一名向委员会提供证词的华尔街分析师,当时,有些分析师鼓励买入科技股,却没有提示那些即将崩盘的公司,如安然公司——在当时,这是史上最为严重的企业破产事件。2010年,我再次为委员会调查最近金融危机的成因举证。某种程度上,这是因为我被《财富》杂志确定为8名观察到金融危机到来的先见人士之一。过去10年,最终导致了危机爆发,关于银行业,我撰写了约1 000页的谨慎性调研报告。

本质上来说,我信任美国银行系统。它是世界上最好的系统,并且在历史上,对大多数人来说,也发挥了最好的作用。银行在资金配置方面发挥了巨大作用,使资金流向了最具前景的投资机会,这进而使得企业得以创建与扩张,生产出创新性产品,改善了职业前景,并且在总体上提升了人们的生活水平。由于美国经济系统允许个人获得绩效奖励,人们就产生了努力工作的动力,会转移到职业前途更好的方向上来,在一套公平体系内,人们有机会时,就愿意承担风险,进行再培训。

请看下述结果:即使在当前金融危机期间,我们仍是世界上最大的经济体,培育着高效率和高流动性的工人，在科技和健康医疗等快速成长的行业内，出现了更多创新，还有世界上的顶级大学。过去的一代，生活在资本主义社会中的人数增长，比之前多了3倍。就商品出口而言，法国输出美酒，我们则输出资本主义制度。

因此，在中国香港周日晚宴交流中，当轮到我发言时，我就谈到了金融危机期间为何美国银行业仍在努力走出自己制造的泥潭。

“我们的银行需要修复自身资产负债表，需要减少不良贷款和新资本金，”我说，“因此，系统安全性比较好，是件好事。问题在于‘万事俱备，只欠东风’。也就是说，失败几率大大降低了，因此，美国银行看起来运营不错，但是，并不能保证银行业务会持续增长。”

另一位分析师让我作进一步解释。

“美国银行发生的事，只是日本银行的现代版本，”我说，“日本经历了两个为期20年的周期。我并不是说，这会让美国银行和经济全面复苏，但真正的问题是，这个周期需要多长时间——1年、3年、5年——才能会恢复到常态。这是一个难以回答的问题。但仍然会遇到很大阻力。”

“花旗集团会怎么样?”另一位分析师打断我说，“它就是一条狗，对吧，迈克(Mike)?”

我犹豫了一下。花旗集团囊括了当前所有银行部门的问题——巨大的浪费。事实上，公司中很少有人会为这种表现感到尴尬或不安，过去20年流行的问题，现在出现了很多新版本：过度承担风险、激进会计、巨额报酬等。

在我准备以外交辞令回答这些问题之前，另一名分析师毫无保留地进行了回答，并且，这个回答一直回响在我的脑海中。“天下乌鸦一般黑，”他大笑着说。

我呆住了，感觉自己不由自主地生起了防卫之心。这就像我们自己可能会批评家里人，但一旦遇到其他人批评时，就会马上加以维护。我回答说，并不是所有美国银行都一样。成千上百家较小的区域银行就几乎与金融危机没有关系，甚至有一些较大的银行，其业务也比同行们更优秀。但是，你很少听说它们的名字，因为，整体而言，那些不良运营商完全遮掩了这些较好的银行，它们已经给美国银行带来了坏名声，给我们的金融系统树立了消极品牌形象。这就像某些法国人在出口葡萄酒之前，会向其中注水一样。

事实上，金融危机的根本原因依然存在。大银行有足够的力量把那些妨碍其发展的人——政治家、报社或像我一样的分析师——打击得六神无主。它们可以极为有效地把你驱逐出去，通常情况下，它们能够如愿以偿。其关注的无非是首席执行官薪酬。如果它们为企业发展提供了可持续的效果，我对个人获得巨额奖励毫无异议。然而，银行首席执行官的薪酬已经涨到了接近危机前的水平，尽管，就全美最大的 13 家银行来讲，如果没有政府干预，其中 12 家都会破产。两家银行的首席执行官，太阳信托银行（SunTrust）和科凯集团（KeyCorp），2008～2010 年全年期间，每人获得了超过2 000万美元的薪酬，而他们管理的公司却亏损了数亿美元。这不是资本收益，这是权力津贴。

与之形成鲜明对比的一个场景是：20 世纪 90 年代末，日本金融危机期间，日本四大投资银行之一——山一证券（Yamaichi Securities）——的首席执行官在电视上为其公司的错误行为道歉，当场嚎啕大哭。对任何一名高层管理者来讲，这都是非同寻常的举动，尤其是在以保守文化为主基调的日本则更是如此。我并不需要看到美国银行管理者的愧疚眼泪，但至少他们要得到公司真正主人——股东们——的认可。

2011 年 3 月，《彭博商业周刊》(*Bloomberg Businessweek*)介绍了花旗集团主席迪克·帕尔森(Dick Parson)，其中也报道了一些他对金融危机的看法与观点。正如帕尔森所言："蒂米·盖特纳(Timmy Geithner)说，'直接给我电话，因为你们公司实在太过重要，不能倒闭'。"你没有看错：双方会晤时，帕尔森称呼财政部长为"蒂米"，这并非是对财政部长权威的答谢，之前就被亚历山大·汉密尔顿(Alexander Hamilton)所引述过。他也谈及，政府为何要救助花旗集团的事情，他描绘了如果该集团破产最可能产生的恶果："你将无法买到大量的面包，也无法使用支票，"帕尔森说，"这就像埃及。人们会到街上游行抗议。"这种事情肯定会发生吗？花旗集团继续存在，只是区别美国与埃及的一个标志吗？描述中所出现的观点让人觉得有些傲慢，这只是商务人士的自我感觉而已。相当于同时向股东、财政部和国家表达不敬之意。

我对银行感到无比沮丧——有时，我会大发雷霆——因为它们本应该让自已达到更高标准。这些机构不负责任的行为，把我们的经济以及整个资本主义制度置于危机边缘，世界各地都在关注着事态发展。

2011年8月，俄罗斯总理弗拉基米尔·普京(Vladimir Putin)说，全球经济体中，美国"就像寄生虫一样生活"。此番言论像锥子一样深深刺痛了我的心，因为我的祖父曾逃离了这个社会与经济都很不公正的俄罗斯，在美国付出巨大牺牲后，为家庭创造出成功的生活条件。我拥有亲属的遗产，可以保证三个孩子生活得更好——他们身体里流着我的血液。但是，我也极度担心，上一代的成功无法再继续下去，部分原因在于，我们金融部门的系统性问题。银行是这个系统功能必不可少的组成部分。我们能够而也应该可以做得更好。

这就意味着，银行高管，尤其是首席执行官，他们需要按照高于自身利益要求的身份去经营公司，而不是着眼于短期利益，拿钱后抽身离去。像所有人一样，银行家会对激励作出反应，并且，最近一段时间内华尔街制定的措施，对那些短期行为给予了奖励。在这个职位上，很容易抓住你所能接触到的金钱，然而，困难的是，要用更开阔的视角来思考某个交易、并购是否符合公司或国家的长远利益。

2011年夏末，我正在撰写本书时，市场出现了巨大波动，金融危机前，只有市场出现极端情况时才会有如此波动，但现在它成了市场不可分割的一部分。几天之内，投资者情绪就从正常的积极心态转变成了严重的消极心态。这些都源于，金融系统从根本上就缺乏诚信精神，怎么才能不这样呢？

甚至在金融危机期间暴露这些缺点之后，银行仍然采取激进会计和不透明的信息披露。即使公司业务失败，首席执行官也会带走上千万美元的薪水，薪酬依旧受高层管理者的操控。即使大银行利用权力帮助其公司改变了规则，或者，实际上更换了高层管理者(毕竟，银行业中的大部分普通员工，更喜爱缅因街，而不是华尔街)，公司会用手中的权力，阻止那种更好的相互制衡的行为。总体而言，所有这些行为会让你感到疑惑："他是如何做到的呢？它为何持续出现？"

本书并不是在完全描述最近的金融危机。相反，它描写的是，在更长时间内审视银行业发展，以及我如何在职业生涯中竭尽全力向投资者和银行警示自己所观察到的问题。大多数导致金融危机的行为在经济衰退之前早就出现了，并且——甚至更糟的是——自那时起，多数行为从未发生过改变。一些人把金融危机看成孤立事件，这是一种过去的独立离散事件，可以单独分析与回顾。但是，这种说法并不准确。约束银行行为的话，就不会出现金融危机。不，本质上，这是银行经营行为的必然结果，甚至今天仍是如此。

这是我的一种顿悟——中国香港分析师完全正确。并非所有银行都经营不善，但是，就整体而言，那些最大的银行经营业绩确实很糟。因为这是一种很坏的行为，正在腐蚀着本国最重要的全球性出口品——资本主义制度——应该表现出具有提升人们生活水平的潜力，与其他经济体系相比，可以更有效地配置资金，也有巨大的改善空间。然而，我们却在向美酒中掺水。

第一章　在美联储从事“上帝的工作”

与许多华尔街人士不同，我算是“外来和尚”。没有常春藤名牌大学学位，没有进过预科学校，也没有身居高位的亲属为自己安排实习生工作。事实上，我的所有家庭成员均是移民和外来者。父亲一方，曾祖父来自于俄罗斯的敖德萨(Odessa)。1905 年，在该城大屠杀中，曾祖父的兄弟被哥萨克卫兵杀害了。曾祖父杀死卫兵后，偷偷逃离了这个国家。37 岁时，他到达美国，姓氏凯奇(Koretzky)也简化为凯尔(Kerr)。一年后，他又安排其他几名家庭成员离开俄罗斯，其中包括他的儿子，即我的祖父。1906 年，他们经过埃利斯岛来到美国，曾经有一段时间，家庭非常贫困，最大的儿子在 12 岁时不得不离开学校，在南费城街角卖粘蝇纸谋生。

我母亲在巴尔的摩市一家正统犹太教移民家庭中长大，具有非常传统的价值观。1907 年，她父亲从高美尔(Gomel)移民，后来，那个地方成为俄罗斯的领土，于是她父亲也经过埃利斯岛进入美国。她母亲死于癌症，那时，我母亲仅 3 岁，后来在其姑母家长大。母亲是一名原创性思想家，在寿司和瑜伽成为时尚之前，就已开始制作和学习。回家时，我经常会看到她在房间角落里练倒立。我 3 岁时，父母离异了，尽管母亲家庭的大部分成员从未离开过巴尔的摩地区，但是，她自己却定居在华盛顿。两地相距仅 40 英里，但是她与家人仿佛身处在不同星球似的。她在一家地方电视台工作，独自一人养活着 3 个孩子。1968 年，我 5 岁时，她再次结婚，认为这次找到了一个灵魂伴侣。母亲和继父在一次桥牌活动中相识，两个人发现，彼此都钟爱同一个品牌的廉价苏格兰威士忌。

继父与母亲共同把我抚养长大成人，他也是移民到美国的，有同样的外来者经历。20 世纪 30 年代，他在罗马尼亚长大，童年期间，亲眼目睹了罗马尼亚由君主制国家变成功能失调的民主制国家，接着就是独裁国家，又被纳粹接管，第二次世界大战后，成为共产主义国家。继父在 17 岁时，经过多番努力逃离了这个国家，因为，国内的形势对罗马尼亚犹太人产生了暴力威胁。

他的目标是去巴勒斯坦，那时由英国人控制。他身上有 350 美元财产，都是在黑市上出售香烟、口香糖和糖果所赚得的。第一次出逃行动没有成功——他穿越边境来到匈牙利，但是被秘密警察逮捕了，又被遣返回罗马尼亚。第二次出逃，他又被抓住了。第三次出逃，正如我曾祖父那样，为了最终逃到国外，他不得不在自卫中杀了人(这次，是一名罗马尼亚卫兵)。

1948 年，他来到巴勒斯坦，为犹太人争取新家园。小时候，记得他对我说，如果知道可以建立犹太人自己的国家，他会非常乐意为之献出生命。这种为了爱国主义目标而甘愿牺牲的壮志，与我产生了共鸣。这不仅仅是为了出人头地或者是为了个人利益，还有更重要的理念在发挥作用。

他自愿忙碌奔波，并未因为这种想法而停下脚步。他熟悉都市生活方式和世态变化，能说 8 种语言，这种能力部分来自于其黑市买卖的经历。有段时间，他越过边境线从瑞士向意大利走私手表。后来，他在撰写的回忆录中提及了这段往事，他回忆到，自己在衣服底下绑了几百块手表，由于数量太多，以致自己就像一颗定时炸弹。

他先是在以色列海军服役，后来在一艘商船上工作，再后来，跳上了一艘开往佛罗里达的船舶来到美国，成为一名美国公民。20 世纪 60 年代中期，他来到华盛顿，开始经营铝板生意。从罗马尼亚出逃后，他更换了姓氏；辗转到佛罗里达，他被称为"梅阿米"(May'ami)。在佛罗里达，人们称他"迈克·梅阿米"(Mike Miami)，因此，他把自己的名字改为梅奥(Mayo)。在我成长过程中，每年开学的第一天，我都要解释一遍，我的姓氏不是凯尔，而是梅奥。

当我还是一个孩子的时候，继父就总是对我说，肯定会发生对俄罗斯的第三次世界大战。在他一生中，睡觉时床上总会放把手枪。早上，当我醒来时，常常会听到他大声斥责销售代表，好像要把书上所有诅咒的字眼都用光似的，要求销售代表给他带来更多生意。有一天，我吃惊地发现，那名销售代表是位女士，名叫薇琪(Vickie)，她极为擅长自己的工作，多年来，尽管继父每天都对她大喊大叫，但是她一直为他工作。

1981 年，继父和母亲在马里兰州贝塞斯达合开了一家罗马尼亚餐馆，名字叫流浪者(Vagabond)，他流利地用西班牙语和餐馆服务员交谈，也可以从容地跟顾客用英语交流，还可以与来此用餐的外交官用恰当的外交辞令讨论。就像妈妈对餐厅评论家所说的，“他可以用 8 种语言进行沟通、阅读、吟唱，还擅长烹饪”。继父负责餐馆中所有的烹饪工作，包括他母亲曾经用过的菜谱，这家餐馆曾经被《华盛顿人杂志》(*Washingtonian Magazine*)餐馆版评为“最佳鸭品”(Best Duck)店。他钟爱伏特加和雪茄，并且，真正热爱生活。他过去常说，自己不想坐待年华渐逝，成为一名唠叨的老头子，他要享受人生。有一次，他到法国旅行，有人用法语对他说——还以为他听不懂——他抽的巨大雪茄像屎条。“是的，”他用流利的法语反击道，“但它的味道并不差。”

选择大学时，我到马里兰大学攻读学士学位。因为，家里很多人都是在那里读的大学。后来，全职工作期间，我通过读夜校获得了乔治·华盛顿大学的 MBA 学位。两所学校都让我受益匪浅——在马里兰读书时，它的数学系是全美 20 强；乔治·华盛顿大学拥有受人尊敬的商科课程。但是，华尔街大门却没有向这两所学校敞开。

我之所以知道这些，是因为自己早些时候在华尔街谋职时的碰壁经历。如今，我仍保留着那些拒绝通知书，每一份都保留着。保诚证券：“我们已经考虑过你的背景资历，尽管令人印象深刻，但是我们发现，公司现在人员职位要求与您的目标和能力并不适合。”高盛公司：“要是我们没有直接与您联系，那么您可以认为，我们公司并没有适合您的工作。”我建立了一个文件夹，专门存放拒绝信，平时就喜欢浏览一下，其中有些公司业已不复存在——德崇证券(Drexel Burnham)、基德皮博迪公司(Kidder Peabody)、信孚银行(Bankers Trust)。但是，当时这些都曾是我迷恋的公司。没有一家公司给过我面试机会。

在此期间，我在 IBM 供职，仅仅在那儿工作了几年时间而已，但也足以让我意识到，像 IBM 那样的公司文化并不适合我。我记得，公司前辈们在衣领上别着别针，上面显示他们在这家公司的工作年限——25 年、30 年。我和朋友们戴着 IBM 标签，晚上，我们进入酒吧时，还(错误地)以为这些标签会吸引年轻漂亮姑娘的注意力。

来自华尔街的拒绝通知书越来越多，终于，我在华盛顿美联储谋到一份工作，在那里，我第一次学会了如何进行银行交易分析。薪酬比 IBM 要少。我是一名“GS 人员”，即政府服务工资标准，家里人一直认为这项工作很可疑，主要原因是，他们对官僚体系有一种天然的不信任态度。我努力解释了一番，理论上，美联储职员并不属于政府服务系统，但是，当时它还没有分离出去。在那里，我并不是一无所获。正是在美联储，让我产生了到银行业工作的想法，也是在那里，让我知道，该部门中，目标分析起到制衡作用，发挥着关键作用。

20 世纪 80 年代末 90 年代初，我在美联储工作。艾伦・格林斯潘(Alan Greenspan)是美联储主席，但是，这是发生在他成为金融市场偶像之前的事情，那时，前任主席，保罗・沃尔克(Panl Volcker)，也已在这个机构打下了深深烙印。直至今日，保罗・沃尔克仍是我心目中的英雄——这位身高 2 米多的男子，是一位打破旧传统的人，为了抑制通货膨胀，他在 20 世纪 80 年代早期提高利率水平。这种举措是必要的，但也导致经济出现严重衰退，并伴随着暂时性的高失业率以及高达 20%的利率水平。这引起了强烈抗议——农场主把拖拉机开到华盛顿 C 区美联储总部前，还有一名国会议员想让保罗・沃尔克引咎辞职，但是，这些举措成功地解决了长达 10 年之久的滞胀。沃尔克愿意采取耐心、必要的措施，这对同等层次的公众人物来说是难能可贵的。1987 年，他任职期满时，总统里根让格林斯潘接替了他的职位。

金融危机以来所面临的问题与当年沃尔克时代极为相似。1998 年，美国紧急救助对冲基金长期资本管理公司，这标志着美联储的策略在发生改变，格林斯潘的遗留政策开始变得威信扫地。这向市场发出一个信号，如果经营情况变得非常糟糕，美联储就会介入，挽救那些陷入困境的银行。正是贯彻这种策略，才导致了互联网泡沫，以及发生在 2007 年和 2008 年的后格林斯潘时代金融危机，这时，政府出台了一系列非同寻常的政策措施，保护那些犯错的银行和其他金融机构。

最近，经过金融危机和房地产泡沫破裂之后，沃尔克关于必须有效监管市场的观点，看起来越来越正确。我之所以对他最为敬佩，是因为他绝不会触及底线——这条底线自始至终由银行家们提供——监管者应该做那些对银行最好的事情,因为这样会对整个国家作出最大贡献。

沃尔克总是反其道而行之:美联储,以及对金融系统产生影响的所有外部人士和其他监管者的目标,并不仅仅是为银行业提供支持与帮助。它不是废除各种监管和限制,把华尔街变成一个大赌场;相反,它要确保银行业稳定持续发展,进而促进经济繁荣昌盛。沃尔克是一名外部人士,他支持在受监管的公共部门与私人部门之间进行严格、明确的区分。投资家及慈善家乔治·索罗斯(George Soros),是沃尔克的朋友,曾经说他是"公务员的模范——他身上充分体现了传统的公民美德"。

当年,我还在美联储工作时,对他留下的信条,我们都信任有加。公民美德,已经与我们所监管的公司开始脱节。高盛公司首席执行官,劳埃德·布兰克费恩(Lloyd Blankfein),在2009年那次臭名昭著的访谈中说到,他认为,公司在从事着"上帝的工作",由于这个原因,他在报纸上的言论立刻被撕成了碎片。但是,在美联储工作期间,我们天真地相信,自己在做一项极有价值的公共服务:为了国家利益,保护我们的银行系统。我们并没有变得富有——那时,一名华尔街行政助理挣的钱都比美联储平均工资要高——但是,我们执行着经济体中最为关键的职能,有助于促进国家经济发展。这部分地反映了那个时代的情景。冷战末期,当时,与我继父的警示大相径庭,第三次世界大战从未出现。美国赢得胜利,我们向世界证明,资本主义是一个比较优越的经济体制。

美国精英制度,允许人们通过自己的才华和努力提升其社会地位。同时,通过利用人们的欲望,资本主义制度能够创造出令人惊叹的东西。为了创造财富,改善生活条件,它可以引导资金流向生产效率最高的领域,还可以改变国家,颠覆暴君统治。但是,它需要制衡制度确保其功能最优化。

在美联储的头几个月,就像海军陆战队新兵训练营。我是24名毫无经验的初级监管者中的一员,每天都会在美国国务院附近的教室内学习。我学会如何撰写报告,能够为一项交易是否应该执行提供清晰的论据。不要套期保值,不要浪费别人的时间。阐明观点并进行证实或证伪。早期训练中，联邦调查局调查人员给我们进行关于欺诈的培训——我记得有一个案例，说明什么是盗用公款，以及什么是长期欺诈行为。我们最后抓住他们时，联邦调查局调查人员说，他们几乎都松了一口气。他说，"这就像从他们背上把刀子拔出来一样"。另外一名金融专家给我们讲述了正常情况下银行业的增长率，以及为何银行业在某些情况下的异常增长并不值得称赞，反而值得怀疑。他说，"如果有些事情像杂草一样生长，那么或许它本身就是杂草"。20 世纪 90 年代末，我观察到，大银行贷款出现大幅度的增长，这时，我不禁想起了上面这句格言。

最重要的是，我们的基础建立在银行金融之上，尤其是银行财务报表，它所显示的项目明显不同于企业的财务项目。资金是银行出售的产品——贷款、存款和证券，这与商品和服务截然相反。这不是数以百万计的 iPod 库存，你看到的只是向公司或个人提供的数以百万计的贷款。一般情况下，贷款是负债，因为作为一个贷款人，你所面临的情况是，必须归还资金。但是，银行是贷款人，这就意味着贷款是资产。银行贷款越多——就像完成家庭作业一样，可以想当然地认为，贷款对象是那些可靠的、正直的人，他们会归还贷款——那么银行经营状况就越好。

过去 10 年间，高级金融变得更加复杂，但就其本质而言，银行是一种简单的业务。银行家以某一利率借入资金，主要是客户存款，之后，以更高的利率贷出，他们要的就是这种息差。在相当长一段时期内，银行依据 3—6—3 规则进行运营：借出利率 3%，贷出利率 6%，下午 3 点外出打高尔夫。自 20 世纪 40 年代到 60 年代末期，这就是指导原则。银行类似于实用工具——非常可靠，也没有大繁荣或大萧条的景象。有几个法律对其进行约束，比如《格拉斯—斯蒂格尔法案》，它形成于 1929 年大萧条之后，禁止商业银行和投资银行由同一家公司控制及运营。这就确保了传统银行业务的正常运营，通过贷款业务使客户存款面临相对有限的风险，这完全不同于投资银行，它是利用自有资金从事较大风险的业务。这些规则类似于对汽车引擎的控制——它们有助于阻止银行过快发展，使得整个行业相对安全。它们也会限制银行回报，这也就是为何银行家想废除它们的原因所在。

我进入美联储时，国家刚刚经历过 20 世纪 80 年代末的存贷危机——这是我成年后知道的第一次金融问题，尽管它不是最后一次。事实上，这次危机表明，为何大量银行业危机可以归结为相同基本面问题的原因所在。存贷机构，也被称为储蓄机构，是一种相对狭窄的传统银行形式，主要从个人吸纳存款，然后向买房者贷款。危机产生的原因是，一些小的地方储蓄机构变得太大，发展太快，超出了其核心地区。存贷失误让纳税人付出了沉重的代价，因为他们的存款不再像普通银行存款那样安全，这就意味着，出现存贷危机时，政府必须对存款进行偿付。

改变无效监管是核心问题。储蓄机构并不在美联储的直接监管之下，相对于传统银行而言，它一直缺乏必要监管，20 世纪 80 年代，国会通过了几个立法文件后，这些规则甚至变得更加放松了。这极大地扩展了储蓄机构贷款的种类，它们可以向存款支付更高利息，超过了之前严格的封顶利率。如果一家银行或储蓄机构想获得更多存款，它可以支付更高利息，吸引存款流入。这种事情确确实实发生了，但是存款是一种高度流动性的资金——“热钱”，因为这些存款倾向于追逐最高利率，但在银行艰难时期，难以依靠这些存款。

同样，如果银行找到信用较差的贷款人，或者说提供非常有吸引力的条款，那么它们总能够贷出较多的资金。在这种情况下，存贷机构会向风险性较高的建设项目提供更多贷款，诸如快餐连锁专卖店、风力发电厂、娱乐场所等。这时，较安全贷款——住宅抵押借款，从 1982 年占总额 80%的比例下降到 1986 年的 56%，银行吸引了更多“热钱”，投入风险较大的项目。接下来的 4 年里，即 1982～1986 年，储蓄行业出现极为荒谬的增长，贷款和其他资产倍增到 12 亿美元，埋下了自我毁灭的伏笔。

有段时间，房地产市场异常繁荣，银行业的每个人——不仅仅是储蓄机构——都想在房地产发展中分一杯羹。经济极为活跃。对办公场地的需求上扬，租金推升到更高水平，建筑业繁荣，银行都在积极寻找建筑商，因为他们需要大量资金，形成一个良性循环。然而，像这样的大扩张，并不能持续稳定发展，因为，这是由过量金融资本所推动的发展，远远超过了经济和人口的潜在成长速度。到 20 世纪 80 年代末，各种迹象清晰地表明，办公场地的真实需求，远远低于市场供给，房地产商开始出现贷款偿还问题。信用开始变坏时，很多储蓄机构和银行并未对亏损做好充分准备。美国开始出现偿付危机，之后，传递到世界各地。(要是这些听起来很熟悉，那是因为它本应该就是这样。)最终，大约1 000家存贷机构破产，金融危机最后成本是1 600亿美元，其中1 320亿美元来自于联邦纳税人。从那时起，银行和储蓄机构所犯下的错误开始呈现多样化趋势，但其核心问题是一致的—— 一些监管变化和经济过热的组合——并且，这会导致更加严重的后果。

存贷危机是资本主义不光彩的一面，它表明，如果系统中没有某些制衡机制，那么来自于其内部的潜在过剩问题将会削弱它。资本流向可能被误导——浪费或者毁灭——这不仅仅会错失机会，而且还会破坏人们的生活。这是美联储的职责：监控金融系统，预防类似灾难再次降临。我们没有华尔街的钱，但我们有权。

晨跑时，我、我的朋友，还有美联储同事汉克(Hank)，经常讨论的主题就是制衡。我们从宪法大街一路到林肯纪念堂，争论谁的权力更大：美联储主席艾伦·格林斯潘，还是花旗银行首席执行官约翰·里德(John Reed)。我坚持认为，美联储主席拥有更大权力，因为他掌控着货币政策，可以决定经济发展力量，甚至能够左右全美大选。我们跑到林肯纪念堂，快要碰到墙壁时，再向回跑，这时，汉克说，约翰·里德一个电话就可以转移数十亿美元，同时，这种情况下，政府各部门并不会出现各种事后猜测。

围绕着倒影池(Reflecting Pool)，我们继续前进，经过杰斐逊纪念堂。我对他说，之前在办公室看过一个传真，花旗银行需要安排资金，满足政府的资金需求。“明白吗?”我说，“格林斯潘在向约翰·里德发号施令!”汉克有点被激怒了，说出了一些在银行较为健康时有关首席执行官巨大权力的事情，我们慢慢跑到美联储总部前的希腊式柱子前，这是华盛顿的一个美术地标。我对这个概念知之甚少——监管机构与私营部门之间的相对影响力——会在接下来的 20 年内逐步消耗殆尽，尤其是在金融危机期间。

在美联储工作期间，我从事并购审批部门的事务，回复电话时，经常会说，“申请表”。两个想合并的银行必须要得到美联储通过。通常情况下，会由一家全美 12 大美联储区域银行处理，但是，如果出现异常情况——例如，如果其中一家银行是外资银行，或者说是特大银行——就会在华盛顿处理。

那段时间，我看过数百起交易。12 个月内，我分析过 119 起交易。如果我们认为并购风险超过合理区间，就会退回银行，说明管理层必须对交易条件做些改变。通常情况下，银行必须要留出更多资金——意味着他们需要更多储备基金，以防在并购过程中出现差池。正如我们认为的那样，在某种意义上，我们在保护着国家。由于银行业越来越综合化，我们开始建立国际资金标准，这会让整个系统更加安全。最终，这对大家都会好一点。

美联储标准要求非常高，因此，自始至终，每份报告的文字和统计数据必须完美。老板会逐字逐句阅读报告，会把“但是”这个词调整到句子的另一个位置，也许其目的仅仅是向我们发出一个信号，他会仔细审查报告中的每个字。逻辑同样需要完美，尽最大可能精心地组织语句，以免浪费读者的宝贵时间，也是在维护法律的严谨性，防止美联储由于这些决策而受到诉讼，尽管这几乎不可能，但仍然存在一定的发生概率。每次报告，就如同要求我写一篇 A^+ 论文。

我的大部分工作都由老板亲自检查，盖章后归档，有可能再也不会阅读。我可以想象得到，就像电影《夺宝奇兵》(*Raiders of the Lost Ark*)最后的场景，仓库里的旧报告文件堆到了天花板。华盛顿审查并购申请部门大约有 10 个人，我就是其中一员，工作有些单调乏味，同外界接触很少。我知道，我们并没有太多资源。这里只有每天的银行业内交易报纸——《美国银行家报》(*American Banker*)，因为价格太高，美联储不允许我们私人订阅。作为一种代替方案，会流传一份复制品，上面依次写着销售榜名单。当这份复制品传递到我这里时，往往都是 3 周半之前的信息了。

但是，相对于和一些有责任心、有权威及权力的人共同工作来讲，钱多钱少都不太重要——这些人是为整个国家经济制定政策的人物。我们在美联储自助餐厅一起吃早餐，透过巨大的落地窗，可以眺望宪政大街，它位于南面一个街区，甚至还可以看到远处的纪念广场。再远处，就是华盛顿纪念碑和林肯纪念堂，这些标志性建筑激励着我们，不断提醒我们正在从事极为重要的工作。过去，我经常从华盛顿亚当斯・摩根(Adams Morgan)的寓所跑步上班，家里墙上挂着一幅艾伦・格林斯潘的照片，当时，《经济学家》(*Economist*)杂志有一篇描写他的封面文章，我就把那幅照片撕下来了。通常，我会很早离开住所，这样，就有足够的时间到美联储的健身房锻炼，之后，吃上一大盘鸡蛋薄饼，上面涂黄油和糖浆(我在那段时间内胃口极大)。

我有一种强烈的感觉，我们是局外人，而且这种银行家与联邦机构分离是一种很好的做法。我记得，1990 年德崇证券破产后的一个早晨，围坐在一起吃早餐的人们谈论，为何前天晚上办公室的灯亮到很晚，以及为何要送比萨饼过来。德崇证券一直在播放它如何来帮助社区的广告——这些活动的部分目的是宣传自己的企业形象——我还开了一个玩笑，说现在怀疑它还是不是美国公司。我说，或许自己也能捐赠基金，引来一片笑声。我们还谈到，那些身陷其中的人们必定会损失惨重，但是，桌旁的人们对华尔街人物一无所知。我们就像在华尔街高档聚会外面巡逻的警察一样，对晚会何时结束毫不关心——局外人的生活也不会有太多改变。

有些早上，某几个美联储实权人物可能会加入到我们之中。比尔·泰勒(Bill Taylor)来过好几次。他是一名资深监管者，负责监督大规模金融危机——其中最大的一次是国际商业信贷银行破产案，他直接向格林斯潘报告。格林斯潘在国会作证时，泰勒就坐在他背后，时常会在他耳边低语。泰勒坐下来与我们共进早餐时，桌子似乎都会颤动。我记得有一次会谈，一名泰勒的下属员工在早餐时走到他身边，询问一项悬而未决的银行交易。泰勒说：“告诉他，让他筹备更多资金，否则我们的答案就是不同意。”然后，他继续喝着自己的咖啡。我感觉，我们就像在扬基球场休息区兼做杂事的少年。

比尔·泰勒是美联储这个机构的文化载体，他提出了很高的标准。曾经有一次，一场暴风雪袭往华盛顿，大多数政府部门都期待放假一天，但泰勒说，明天不管发生任何事情，我们部门的员工都必须全员工作。有人问他为何这样做。他说，“因为我们不是懦弱的人”。

他定下主基调，即美联储是一个整体，在精微玄妙之处，我们都要采用直白的逻辑。在另一次讨论中，国会中有人建议放松贷款规模，这样，银行利用的总头寸规模就可以从 15%增加到 25%，当时，这是出现在学院派和实践派之间重要的理论性争论，直到泰勒来到国会，就反对此举给出合理解释：“原因在于，如果改变后，只需要 4 次贷款就可以让一家银行破产，而按现在的比例，则需要 7 次才可以。”换句话说，这是一种推测，银行在推宽安全边界，这会陷入困境，就标准而言，这是一场反复不断的争夺战，因此，银行需要一些规则来防止自己作出危险行径。辩论就此结束。

泰勒出身卑微，最初是芝加哥银行审查员，后来升职，领导所有审查员，向下属们传达自己的信心。他逐渐向我们的工作注入一种目标精神。在1990年的美联储出版物中,他说,“我们可以挑战任何人,他们也会积极地接受挑战。他们觉得那是自己的责任。他们准备作出牺牲,最重要的是,他们有着强烈的愿望以及执行任务的能力。他们就是原动力。任何地方、任何时候,我都会与他们同在”。对于这样一名领导,你怎能不付出自己的一切呢?

恰好有两次,我进入美联储的重要会议室,当时,有一件我负责的案子,一家名为雪松淡水河谷(Cedar Vale)的堪萨斯州银行,出现较为普遍性的问题,这需要检查、讨论我的工作,并由美联储理事会投票表决,其中包括美联储主席和其他6名理事。这意味着,我会在董事会与艾伦·格林斯潘本人直接会面。那时,我只是一名刚刚工作一年的新人。

当时,我没有一点与高层人士打交道的经验。曾经有一次,下班后,我去美联储网球场,发现艾伦·格林斯潘正在和另一名美联储理事打球,那人名叫维尼·安杰尔(Wayne Angell)。他们马上来到我跟前,格林斯潘问,他是否可以打完比赛。我想说的是,“只要你告诉我,你打算如何处理利率问题就成,”但是,我没有这么说,只是礼貌地点了点头。还有一次,大约是一年之后,我看到他在泰勒家后院吃烧烤。他来的时候,身穿长方格宽松裤子,还有客人芭芭拉·沃尔特斯(Barbara Walters)。后来,临近我离开美联储的时候,给他办公室打电话,请求他与我合影。他还感激地在照片后面亲手签名“好运,迈克,祝你美梦成真。致意,艾伦·格林斯潘”。后来,我开玩笑说,美联储主席办公室也有一张相同的照片,上面写着我最美好的祝福。

但是,这次董事会议是我第一次与这种级别的人进行专业沟通。有人告诉我,这次会议讨论雪松淡水河谷可能采取的措施。7位理事,包括格林斯潘,会投票决定是否同意此次并购。他可能会问我一些问题。当然,也可能不问。他们也许会把雪松淡水河谷银行的结果作为案例,为我们所监管的其他12 000家银行制定相关政策。也许不会。他还可能会询问某个句子中某个词的含义,甚至会指出某个排版错误。

接到通知两天后，我们发现“到时候了”。我做好了准备，精心准备好发言，精挑细选了最漂亮的深蓝色外套。理了个发，把皮鞋擦得锃亮。如果没有别的事情发生，我会看起来更加意气风发。那天会议上，我没有直接进入董事会议室，而是与经理一起坐在接待室，那时，董事会还在讨论其他业务。在此之前，对我来说，最大的一次公开介绍，还是帮助一位朋友选举大学校友会主席，我完全靠图表发表了演讲。几分钟后，董事会秘书——早餐桌上的监管者——说，“现在，讨论雪松淡水河谷银行案”。老板给我指明了座位，他挨着我坐下，我们两个都坐在长方形桌子的下首。美联储理事开会的地方非常严肃，令人敬畏。它就像是上帝的会议室。天花板有两层楼高，中间是巨大的枝形吊灯，悬吊在由洪都拉斯桃花心木打制的27英尺大的会议桌上方。尽管进行了一些装修，但是整个房间仍然维持着建筑的最初设计特色，即20世纪30年代的艾克尔斯式建筑风格。第二次世界大战期间，美英两国有几次重要的战略会议就在此举行，因为它是华盛顿最安全的地方之一。现在，美联储会议室就是联邦公开市场委员会开会决定利率的地方。

所有高级经理坐在右侧，比尔·泰勒坐在中间，律师坐在左侧。美联储理事们分坐在桌子末端两侧，主席格林斯潘坐在桌子一头儿。我准备好了与并购建议相关的所有比率、趋势、总数以及细节数据。争论的主要问题是，雪松淡水河谷是否符合美联储买入另一家银行的指导方针，在这些交易中，它是否使用了过多的负债。讨论经历了来来回回的拉锯战，一些理事询问了不同的问题。在上个月的另一份建议书中，一些分析师同事说，在他们的考验过程中，他们已经回答了几个问题。对于我而言，我希望可以有所不同。也希望自己可以回答一个问题。然而，我只是坐在那里度过了难熬的6分钟，一个字也没有说。

某个时刻，打网球的理事，维尼·安杰尔，赞同大银行指导方针也适用于这个堪萨斯州的小银行，这增加了批准该项目交易的潜在可能性。房间内安静了一会儿。有人特别询问我关于大银行比率可以适用于这种小银行的原因，我并不知道如何回答——美联储秘书、6位理事，还有主席格林斯潘本人都看着我，希望得到答案。

泰勒大声发言，挽救了我的尴尬境遇。他问，“为什么必须?”大家又来回争论一番，最后，主席格林斯潘决定，他们会在下次董事会上讨论这个问题。这就意味着，我必须与高级同事共同准备另一份报告，还要进行一项全面背景调查，以确保安杰尔与雪松淡水河谷银行不曾有任何关系。他出生在堪萨斯州，并在那里接受教育；他的论文题目是“堪萨斯州商业银行史”。上级要求我查找所有与该案相关的文件，回溯到多年以前，查找一些文件来源，对任何提及安杰尔理事的文件都要搜寻。换句话说，他是应该自动要求撤职了吗？我们没有发现任何证据，但是，我肯定是检查了所有文件。

几星期后的会议上——座位安排是相同的，桌子远端是主席格林斯潘，同样紧张，同样积极的准备，既注重专业又注重个人仪表——安杰尔让步了。泰勒的监管立场非常坚决。雪松淡水河谷银行必须作出更多努力，才会让美联储支持其并购计划（尽管最终还是被否决了）。在回办公室的路上，泰勒只对我说了一句话“小题大做”，便迅速回去忙下一个任务了。

对我而言，这些人就是柏拉图所虚构的、用白银做成的人，他们是公共利益保卫者，不为名利，一心服务大众。然而，我觉得他们的责任感会随着时间推移而弱化，特别是在数年以后，更是如此。厄尼·帕特里克（Ernie Patrikis），长期担任美联储首席法律顾问，是美联储的元老级人物，1999 年，他在保险业巨头美国国际集团找到一份工作，在那里，估计他的薪酬会以几何级数上涨。他在那家公司工作了 8 年，其中有一段时间他尽力帮助美国国际集团处理其巨大的监管问题。

纽约美联储主席在投资银行巨头高盛公司就职，后来与波士顿美联储主席共同出现在某个众所周知的事件中。纽约方面强大得令人难以置信——银行直接向华盛顿总部汇报，因此，掌权人一般被认为是该机构中的二号实权人物，仅次于主席。就安杰尔来说，他是就雪松淡水河谷银行案提出问题的理事，最后也辞职到投资银行贝尔斯登工作了。就在离开美联储后的几个月内，他开始预测利率变动趋势，最初，他的预测极为精确，以致引起公愤，还导致了关于信息可能泄露的调查（调查没有发现任何不法行为）。

这些人不会因为赚到更多钱的欲望而受到世人批评指责。我自己也渴望赚到更多钱，不久，就到华尔街谋职来追求金钱了，尽管一开始，职位非常低。但是，对我来说，这种行为显示出，美联储那些牛人们也只是凡人而已。就像是，这个系统提供了如此强烈的激励和诱惑，没有人能够抵挡。

至于泰勒，他始终保持本色，直到1992年过早离世，年仅53岁。他在美联储的记录让他在另一家机构——美国联邦存款保险公司——赢得了最高职位，他在该公司采取了实质性的减薪措施。当时，美国联邦存款保险公司资不抵债，但是他努力挽救该机构，建立储备，防止未来银行亏损。（果然不出所料，银行家憎恨这种行为，因为这会增加其成本、减少收益。）要不是他英年早逝，这个胜利或许会成为他更上一层楼的垫脚石，就在不到4年前，我还与他一起坐在美联储会议室内谈论雪松淡水河谷案。就像其他人一样，比尔·泰勒把其一生的精力都付诸于公共服务，却没有用其来赚取更多的金钱，其他人做得到吗？或者说，他一直表现出更高贵的价值观吗？我认为，他始终都在坚守为民服务的理想，远离那扇介于私人和公共部门之间的旋转门，直至最后一刻，他仍然是一名公民领袖。

第二章　关于梦想

1992年，在美联储工作的第5个年头，我做好了离开的准备。我觉得，自己在这里已经学到了所有可以学到的东西，同时，我仍然想去华尔街。我还年轻，渴望成为核心人物。我要证明，那些解雇我的人不能慧眼识英才，同时，老实讲，我想赚些钱。我记得电影《华尔街》(*Wall Street*)，其中戈登·盖柯(Gordon Gekko)告诉巴德·福克斯(Bud Fox)说，他们赚取金钱的观点是："我在谈论流动资金。现在你足够富有，可以拥有自己的飞机。已经足够富有，无需再浪费时间。5 000万美元，1亿美元，朋友。"

多年来，我拼命努力工作。在IBM公司时，我早晨5:00起床出发，赶往工作场所，然后，晚上继续进行MBA学习，在3年内拿到了学位。我也努力考取注册金融分析师资格，对严格的华尔街竞争者来说，这是一个必要条件。考取注册金融分析师资格是件艰巨的任务——包括三个层次，年度考试难度依次增加，内容涵盖广泛的金融课程，包括伦理学。你要么通过考试，开始准备下阶段，要么考试失败，再等待整整一年，才能获得下次考试机会。

那时，我正准备第三阶段，也就是最后一个阶段的考试，1990年，我开始约会杰姬(Jakie)，1990年夏天，我在特拉华州杜威海滩玩美式板手球运动时与她相遇。相遇时，我发现，她的部分魅力竟然是可以准确认出谁是艾伦·格林斯潘，这让朋友们取笑了一番。她知道注册金融分析师对我的重要性，也愿意忍受我那种拼命准备考试的行为。我要求她随身携带各种注册金融分析师试题的卡片，反复对我进行测验。尽管这是令人厌烦的事情，但是，现在她成为我的妻子，从那时到现在，她一直容忍我的种种缺点。在我顺利通过注册金融分析师考试后，我想进行下一步。

寻找工作的过程，再次被证明是令人沮丧的，并且这重新强化了我的观念，一些人是华尔街的宠儿，但我并不在此之列。在美联储图书馆里，我再次看到了《机构投资者》(*Institutional Investor*)杂志的问题，尤其是那些涉及了年度"全明星分析师"排名的杂志。我想为那些最佳公司工作。我收集所有银行分析师名单，开始电话约谈。我的部分策略与时机相关：我估计部门行政助理每天17:00下班，因此，我就在17:05打电话过去。如果美联储的传真机占线，我就会等待，因为我要确认自己可以快速发出简历，同时，我也一直申请到纽约出差，这样就可以亲手递交简历。我使用的电话系统一条连接美联储，还有两条连接外线——在手机出现之前，就是这样的——我向华尔街公司发送了很多很多信息，以至于每当电话铃声响两声，我就会急忙去接。

经过数周努力，与20多位分析师打过电话后，我终于在华尔街获得了首次面试机会。然而，感觉却令人颇为不快。"在我们这里要努力工作，"面试者对我说，"在政府部门，我想上班时间是朝九晚五。但这里不一样。工作时间上班，下班后，尽管那是属于你的私人时间，但你仍然要加倍努力。"7年来，我一直努力工作，每天工作18个小时，在职工作时，仍然尽自己最大的努力完成了硕士学位，并获得了注册金融分析师资格，但他对此并不是很相信。

数年后，我在华尔街站稳脚跟，我记得这些话——在我们这里要努力工作，对面试者不能发现我的潜力，感到疑惑不解。这句话恰恰是我的真实写照，8月周末下午15:00，新年早晨，感恩节后的周五，我都会在自己的办公室里努力工作。我要么独自工作，要么与杰姬一起。那时，她还在读研究生，坐在相邻隔间研读生物化学或者病理学。复印机处于节电模式，当我使用时，还要花5分钟时间预热——甚至会罢工一整天。之后，我们到第49号大街拐角处的第二家中国面馆，享用最喜爱的美味。

第一波士顿公司(First Boston)，后来成为瑞士信贷第一波士顿分部，在这里，我有一次离奇的面试经历。《机构投资者》杂志刊登过一篇介绍汤姆·汉利(Tom Hanley)的文章，他是一名权力掮客(Power Broker)天才，在华尔街结交甚广。汉利在所罗门兄弟公司(Salomon Brothers)工作了20多年，连续8年被《机构投资者》评为"全明星分析师"。他发布了银行业潜在兼并目标清单，具有惊人的准确性。《机构投资者》杂志在文章中描述到，为何汉利在所罗门兄弟公司上班时，早晨6:30，还没有喝完第一杯咖啡，就被赶出了公司。甚至不允许他返回办公室取回办公桌上的物品。他犯了什么罪吗？汉利开始考虑自己在第一波士顿公司的工作岗位，据说年薪高达200万美元。他曾经想带走跟随他的员工，这让其所罗门老板非常反感，但这只是一个谣言。华尔街上的激烈竞争，让我为之深深着迷，这里，一方面，权力掮客可以获得7位数的薪水，另一方面，仅仅会因为一个莫名的不忠诚行为，就被踢出公司大门。

汉利重整旗鼓，在第一波士顿公司走马上任之际，他要建立一支包括5名分析师的团队，我认为这或许会有我的一席之地。我反复给他打电话，几次传真简历，最终得到了面试机会。与汉利会谈之前，我和他的助理坐在一起，助理向我展示了他们的研究成果。研究成果详尽深入地描述了摩根大通公司的战略、收入和利润预测，以及我在美联储从未看到过的各种细节预测。这项工作太令人着迷了，我并不能肯定，自己能否胜任这种层次的工作。直到后来，我才知道，很多用于分析的图表直接来源于摩根大通的官方简报，就是业内的习惯性做法。第一波士顿分析师团队没有提供新信息，他们所提供的数据信息与公司所提供的基本上是一致的。

之后，助理告诉我，汉利交际广泛。"汤姆是华尔街一位最具影响力的人物，"他说，"他从事商业活动。其所作所为就是为了买卖企业，国民银行[Nations Bank，今天的美国银行(Bank of America)]与他并肩作战。"接着，助理把我引进了一间豪华办公室，房间非常大，我从门走到他办公桌前还花了几十秒。我与他紧紧地握手(我和室友按照书上所讲的，练习了很多遍——牢牢握住，不要太紧，目光交流，微笑却不能露出牙齿)，用自然的声音开始了自我介绍："我在校期间自力更生，在美联储辛苦工作，获得了职业资格认证，工作刻苦努力。"

大约5分钟后，汤姆·汉利说，"你被录用了"。事情就这么简单。我记得在书上读到过，最成功的管理者知道如何马上作出决策，对的，我就在《一分钟经理人》(*One Minute Manager*)这本书上读到过，我想，自己亲眼目睹了这种现实案例。最终，人们会见到我的自身潜力。他陪我走出办公室，告诉我再去与他的老板见面，同时，也说这仅仅是一种形式而已。

我一回到华盛顿，就让妈妈帮我挑选钻戒，送给杰姬。这是件大事。我知道钻石的4C标准——切工、颜色、净度、克拉重量，妈妈安排我与一名钻石商见面，这人是餐馆的常客，在酒店里，给我展示了一些样品。我挑选了一个钻戒，价格4 000美元，这可是我当时1/3的财产。对我而言，这份工作是万事开端的第一块多米诺骨牌：结婚、移居纽约、杰姬进入医学院。早餐期间，我迫不及待地宣布，自己不久就会为华尔街一流的银行分析师的消息，就像加入了纽约扬基球队一样。

所有事情就绪——除了一些不必要的之外。一周后，我返回纽约，进行后续面试，在握手技巧方面，多了些自信，少了些紧张。在第一波士顿，我与汤姆·汉利的老板进行了一次面谈。我认为，这只是最终确定一些细节。

但是，基调马上出现了变化。这个人更加正式。他身着夹克衫，银灰色头发，一幅老派华尔街合伙人的风度。“汤姆在本公司有自己的交易，相对有点独立运作，”他开始喋喋不休地说起来，“但是，我是研究总监。”似乎是我在邀请他发言一样。我再次面对临门一脚的境遇。之后，他陷入了沉默，我在椅子上移动了下身子。更加沉默了。“今年，我们只招聘2名人员，”他最后说到，“一名来自斯坦福大学，一名来自哈佛大学。”之后，他站起身来。又一次5分钟面试，却是完全不同的结果。

我对此并不理解，直到返回华盛顿，才接受失去这份工作的残酷事实。但是，能怎么样呢？华尔街最具影响力的分析师亲口对我说，我得到了这份工作。我们为此还紧紧握手。握手就如同契约一样。然而，我并不准备放弃。如果我没有得到这份工作，至少给我一个解释。我开始打电话，一天一次或两次，直到与汤姆·汉利再次接通电话。这几乎让我打了3周时间。他只是说，不会再出现这种事情了。没有解释，没有道歉。杰姬很快就知道，这件事意味着什么。现在又回到了以往的日子，晚上喝着1美元一杯的饮品、吃着半价汉堡，骑着自行车穿越岩溪公园。至于钻戒，母亲私下保留了下来，以备有一天可以用到它。

数年后，我遇到了让我走出忧郁的人，他有着与汤姆·汉利几乎完全一样的经历——短暂的面试，握手，热情地说“你可以进来”，然而，随后就是公司撤销了这个承诺。我们一致认为，这或许只是他的一种权力游戏。汉利长期在华尔街工作，让人印象极为深刻，但是，在他职业发展过程中，也有很多不体面的事情。1997年，他散布谣言：“信孚银行是潜在兼并目标，有可能被旅行者集团收购。”谣言导致信孚银行股价飙升——公司市值超过10亿美元，直至股票停止交易。后来，事实证明，这个谣言是错误的。一周后，旅行者集团反而买下了所罗门公司。这或许是一个无心之过，但是，汉利恰好有一位非常要好的朋友，而且，这个人恰好投资了汉利自己管理的股票组合，该组合主要投资于银行股，资金管理者依靠这则错误的谣言，赚取了巨额利润。在这个事件上，纽约证券交易所对汉利罚款75 000美元，事情结束后，他仍然与华尔街保持着联系。

20 年后，我跟随这段期间给我面试机会的一些人工作，当时，我极度渴望进入华尔街。精品经纪公司 KBW 的一位高层管理人员与我相见之初就对我非常好，不幸的是，在“9・11”恐怖袭击中，他死于世贸中心。与我在 KBW 相遇的首席执行官，被控有泄露内部信息罪，他把银行即将并购的信息泄露给了其情妇——一名色情演员，依据这个信息，她赚得了88 000美元。尽管他身价超过1 000万美元，但是这名高管仍被控有内幕交易罪，事情以他到监狱服刑而告终。

最后，1992 年，我在瑞士联合银行谋得一份初级分析师的工作。这花费了我 7 年时间，包括在这段期间，我独自一人整整 8 个月积极寻找工作，还有不计其数的信件和电话，尽管最初也犯了一些错误，但最终还是成功了。我终于进入到了华尔街俱乐部。

在一个周五，我得到了工作确认函，马上就答应了。我把杰姬带到小华盛顿的旅馆，这是华盛顿地区最好的一家旅馆，我不知道如何隐瞒到最后一刻。我已经拿到戒指，因此，当晚就向她求婚了。那时，她在华盛顿美国国立卫生研究院工作，正在申请纽约医学院。生活开始并轨了。

当时，在美国，瑞士联合银行只是一家小公司，位于公园大道 48 街，大约 15 名高级分析师挤在狭窄的楼层里。但是，不久我就意识到，自己仍然是门外汉。瑞士联合银行并非是华尔街大公司，而且我也只是一名基层员工。

瑞士联合银行老板性格鲜明、直言不讳，极具幽默感。在他办公室架子的显著位置，放着一听斑点鹰汤羹，这与他蔑视环保运动有关。在他的办公室中，可以俯瞰洲际大酒店的房间，他会大声呼喊，让我们都知道这个事情。我坐在他办公室外的小隔间内，有时会为他跑跑腿，比如替他取干洗衣服等。在我工作的第一周，他带我到“俱乐部”——大学俱乐部——一起打壁球。那里的男人们都裸泳——我不知道这种事情还会出现在20世纪。在我找到自己位置之前的那个周末，老板把我安排在俱乐部。由于我和夫人衣着非常随便，所以还被告知只能从员工出入口进出。

最终，我在东81街第3大道找到了一个小公寓，后来，我们才知道有一名妓女住在大厅，并且墙内老鼠上蹿下跳。每月租金900美元。我对效率要求较高，因此，我得计算一下，从第77街列克星敦乘当地火车是否更快一些，否则就得返回到第86街乘特快火车。（答案：第77街更快，但仅仅快一点点而已。我带着妻子进行了时间测验，但她并不喜欢这种经历。）

幸运的是，我在美联储接受过一些财务分析培训，因此在工作中学到了一点知识。进入华尔街之前，我很惊讶于分析师能够为他们所研究的公司撰写出如此精确、如此有深度的报告。我想，他们必定在其工作岗位上有着惊人的天赋。但是，事实并非如此——他们只是直接从公司获取信息，通常在管理层私人聚会上捕风捉影。在某些情况下，分析师会向银行首席财务官演示其电子数据表格，咨询意见。首席财务官会指着某栏数据说，“嗯，这个在我看来有点儿保守”。分析师会填上一个新数字，满怀期待地看着首席财务官，希望他露出微笑。信息收集完毕。这并不是分析，而只是向客户发送公司信息而已。

2000年8月，证券交易委员会采纳了一个规则，称之为FD规则，即“公平信息披露”，用来制止公司泄露信息。FD规则阻止公众公司在这样的私人聚会中向特定人群泄露重要信息——如果是重要信息，就必须向所有人披露。FD规则是一项伟大的规则。

然而，回溯到20世纪90年代，该规则还没有诞生，华尔街分析师仍然从管理层那里获得大量信息，进行填鸭式分析。这并不是我想做的那种工作。相反，我想深入研究财务信息，发现其他人还没有发现的信息。为了这个目的，我构建了银行估值新模型，称它为“调整后账面估值模型”，后来，又称为“银行特许权价值模型”。这种方法涵盖了整个银行资产负债表，自左向右，自上向下，纠正每一个错误，对它的每一个细节，你都可以了解清楚。

在美联储，这类技术受到资本和储备的限制，都是出于保护银行免于破产。但是，我想为何就此停下呢？用于其他领域会怎么样？比如不预提退休金基金计划、尚未实现收益的业务、税收抵免，以及其他领域。为什么不能涵盖你可以增值的事情呢？以往的方法，有点儿像仅仅基于建筑面积为房屋定价，而没有意识到有些房屋带泳池,并对厨房进行了升级改造,改装了新屋顶,或者房屋处于优质学区。

对我而言,该方法似乎不是特别激进,但是却被认为是银行分析方法的巨大进步。我们阐释该方程式的内涵,让所有事情都保持透明化,就如何对银行股估值问题,又向前推进了一点点。如果有人认为,某些调整因子出现错误,我们可以马上进行调整,产生新结果。没有其他人在做这类银行股估值工作。我来到公司后不到一年,就使用该模型撰写了自己的第一份报告,尽管我是华尔街新手,但是《财富》杂志很快就发表了我的结论。

的确,我从瑞士联合银行老板那里学到了一些东西,这些在商学院里是学不到的。首先,正如他所说,“表明观点,之后就是找到各种因素来支持该观点”。他希望我更加大胆,提高执行力,他说,说到重要性,大力宣扬比正确结果更重要。我不知道自己是否同意后一个观点。对我来说,研究成果的精确性更重要——至少是应该更重要。我想有条理、有系统地研究,总有一天会找到真正影响银行股价值的因素。我认为,这才是分析师向其客户呈现的价值所在。但是,我不愿意进行更多争论。我只是一名菜鸟——我又知道些什么呢?

老板强调的第二件事情是,在社交场合应该与客户经常聚会。他觉得,对某些客户来说,吃喝玩乐比工作本身更重要。有一次,在佛罗里达银行会议之后,我们在他的房间里举办了大型的扑克派对。我们买了大堆薯条、伏特加,以及一箱箱的冰镇啤酒。派对结束时,他只能被我们架走,但这一切增加了客户的认同感。

在我对华尔街行事风格逐步认识的过程中,或许最重要的是,老板向我传授了数字哲学。曾有一次,那是我在瑞士联合银行工作初期,我漫不经心地走进老板办公室,发现他正在和道格(Doug)谈话,这是一位 20 世纪 70 年代和 80 年代华尔街上的资深人士,银灰色头发、身穿字母组合图案衬衫、佩戴劳力士手表。老板说:“我想,我可以做成这个数。”

作为一名新手,我必须问清楚这话的具体含义。当时他没有回答,道格解释说，“在你不需要更多金钱时，数字就代表大量金钱”。他谈到豪华轿车、在公园或第五大道的公寓和汉普敦的家。我问：“那得值多少钱?”他们没理我，转移到了下一个话题。我30岁了，从未想到可以挣到这么多钱，多到你可以不再考虑它的数量。我在IBM公司从事电脑分析师工作时，最大的愿望就是每次升职都可以增加一点微薄的薪水。在美联储，增加工资也不容易。

但是，这是另一番经历，在相互冲突的目标之间，我左右为难。我并不认为，这种物质成就与在美联储作为资本主义卫道士的那种感觉一定是不可融合的对立面。我想采取介于戈登·盖柯与道格两者之间的立场——这两条路，说起来都很简单，做起来却很难。华尔街遍地是黄金，人们很容易迷失自我。

两种不同的经历让我充分明白了这些经验教训，一方面向我展示潜在回报，另一方面却向我展示对某些行为的惩罚。我在瑞士联合银行首次尝到被银行批评的滋味，那时，我撰写了一篇略微有些负面信息的科凯集团报道。我成为资深银行分析师后，这是所遇到的第一家公司。该公司今天依然健在——掌管科凯国际公司，总部位于克利夫兰，但是，其股票在这些年表现得非常糟糕。截至2011年底，考虑到股票拆分因素，该股成交量大约只有20年前我撰写报道时的50%。

那时候，这家公司被看成一台并购机器，几乎所有分析师都对它青睐有加。我不由自主地关注到它，因此，当时我在一份报告中发表了自己的看法，这种“并购机器”真正做的只有两个核心交易——两者都要借助于联邦政府——这是不可复制的。它已经从交易中购入了残羹冷炙，包括两家银行，合并后，出售了一些支行。对我而言，这样的两个交易加上一些残羹冷炙并不能组成并购机器。感觉与现实并不匹配。我想：难道我漏了什么要素吗?

如果你今天阅读当时的报告，会发现它非常温和——报道显示，公司会经历一段艰难成长期，其他银行会是更好的投资对象。但是，科凯集团并不高兴，终止了与瑞士联合银行的银行业务。我听到这样的谣言，科凯集团的一些高层管理者把我的报告带到竞争对手公司的分析师那里，要求他们写一份完全不同的报告。我从未证实过这件事情,但是,即使是谣言,也会令人心神不安。我一举成名:报道一些银行不喜欢听的话,它们就会打击报复,即便报道本身正确无误,也是如此。

与此同时,我也经历了该现象的另一面。我推荐了美一银行[(Bank One,今天属于 JP 摩根大通)]的股票后,老板说,让我带美一银行首席执行官约翰·麦考伊(John McCoy)去看看投资者,通常他会对这类单独拜访给予资金支持。换句话说,只要我认为该股票值得“买入”,就应该看到该公司尽力帮助瑞士联合银行。这是一类较为含蓄的——有时也会很明显的——交换条件。

我照着做了,同时问约翰·麦考伊,是否同我一起与投资者见面。起初,是和纽约本地客户共聚午餐。事情进行得很顺利,我问他是否愿意一起到别的地方转转,再与其他客户交流。他不仅接受了这个建议,而且还让我乘坐银行私人飞机去洛杉矶。我们的夫人也随同前往。这是我第一次也是唯一一次乘坐私人飞机。跑道终点之前,我看到很多出口,不知道是用来做什么的。

我们在机场和首席执行官及其夫人碰头,登上了湾流公司(Gulfstream)生产的私人飞机。没有拥挤,没有干扰,没有固定起飞时间——就像一架空中豪华轿车。(数年以后,我听到另一位银行首席执行官给出了答案,即“当我到达那里时”才是航班起飞的时刻。)我们喝着饮料和鲜虾开胃品,晚餐则由约翰·麦考伊亲自在飞机厨房内烹制。一名高贵的大人物——首席执行官——在为我们烹制晚餐。我夫人一直讨厌飞行,但是当约翰把她带到驾驶舱后,她和飞行员坐在一起,学习如何操控飞机,她第一次也是唯一一次在飞行中感觉到了安全。

我在美联储全职服务期间,从未接触过大银行的首席执行官。我几乎从未与管理层人士进行过沟通交流——几乎是一直通过律师与其进行对话。并且,约翰·麦考伊是银行业内最受欢迎的首席执行官之一。

1992 年,在美联储工作的后期,我在《美国银行家》文章上看到,该杂志称他为“年度优秀银行家”。然而,我现在是乘坐私人飞机的客人,可以有几个小时的时间进行一对一面谈,所有这一切,只是因为一个积极的评级而已。我向他询问了有关公司发展战略的非正式问题,受国会事件影响,我想知道,有关中国未来潜力的所有情况。我们喝着鸡尾酒,进行着交流。

他曾一度向我提及,湾流公司已经在破产危机中重整旗鼓等相关情况。我明白其话中的意思——在我下篇研究报道中,他并不想看到有关公司私人飞机的细节性问题。双方心照不宣的是，我们要遵守绅士规则。乘坐首席执行官的私人飞机，我没有再恶言相向。得到了即将到来的收益时，不再对公司战略提出尖锐批评。

一个更大的惊诧出现在旅行回家之后。我回到工作室公寓，发现语音信息："你好，迈克、杰姬，我是约翰·麦考伊。谢谢你们陪伴我度过一个美好的旅行！"他找到了我们的家庭电话号码，打电话致谢，尽管，他本应该通过其他方式来表示谢意。对比真是太鲜明了——我们在家中，墙中老鼠上蹿下跳，然而，就不久之前，我们却刚刚从湾流私人飞机上下来。这是我在华尔街职业生涯头两年的情况。我终于回来了，也明白如果银行愿意听到你所说的话，就会给予奖赏。

同样重要的是，在瑞士联合银行任职期间，我知道了金融高层间的文化传统。那时候，像我老板那样的家伙是华尔街最吃香的人——他们善于交际，极为热情，乐趣无穷。他允许我撰写有关本公司监控银行的报道。肖马特银行(Shawmut Bank)是我最初接触的一家银行；后来，与旗舰银行(Fleet Bank)合并，现在是美国银行的组成部分。我记得，那天早上，我们打开金融报道。上面的报告是我们全力以赴为客户度身定制的，开始观察股票走势。他为我欢呼："股价上涨1/4，上涨了1/2。继续涨，肖马特银行，加油！"那种被他夸赞的滋味还真是不错。

但是，即使在自己职业生涯早期阶段，我也意识到，我与老板以及其他同事在很多方面意见并不一致，他们经常聚在一起，相互讲些与空姐有关的低俗笑话。不管怎样，我与他们并非一丘之貉。结婚时，我并没有邀请任何同事参加婚礼。我想让生活与工作独立开来，并且，在整个职业生涯中，我一直坚持这种做法。更重要的是，像我老板那样的人，似乎并不会在原则问题上采取强硬立场。如果他们得到了更多奖金激励的话，绝对会放弃原则。但是，这符合伦理吗？我并不清楚。也许，在离开瑞士联合银行后，我才意识到了这个问题，那时，前老板明显在利用我创建的模型，预测存在并购机会的银行，就像他自己亲自做了所有工作一样，这看起来确实很不公平。

华尔街同事们这种不道德行为并不会是最后一次。随着时间飞逝,不断有人抄袭我的想法——有些是微不足道的小事,就像我组合在一起的图表;有些较为重要,如一整套估值模型。这种事情发生时,每次都会让我感到出奇的愤怒。如果人们愿意为我做这些事情,这些人是他们认识或者共同工作了很多年的人,仅仅是为其工作带来极小的好处,那么,对其客户、投资者,以及他们从未谋面的人来说,这种情况下,赌注——及潜在收益——还会很高吗?

1994年,在瑞士联合银行工作两年后,我准备离职。我在美联储时,雷曼兄弟拒绝过我,认为我没有经验,因此,在瑞士联合银行工作了两年后,我给其研究部负责人打了个电话,说,“现在我有了一些经验。可不可以到你这里工作?”令人惊讶的是,这番话起了作用。

后来,我发现他们在雇用我之前进行了核查,打电话给我之前的单位,询问他们对我的意见和建议。那时,我记得自己还在想:他们的意见为何这么重要呢?这是一个真实的例子,业内人士相互协商,共同决定我是否有价值。但我的目标是服务客户——那些投资银行股的投资者——而不是服务于银行本身。

与20世纪90年代早期的瑞士联合银行不同,雷曼是华尔街一流公司,在华尔街拥有极佳的声誉。研究领域排名第一,拥有大量的交易经纪人和交易员,所有员工都在世界金融中心的总部工作。我感觉自己好像是从社区学院转到了综合性大学。在雷曼公司,我有自己独立的办公区,与其他7名金融分析师的办公室相邻。我甚至可以再雇用一名助理,协助我处理工作中的某些繁琐杂事。我面试了一个人,答应免费工作3个月,之后,我才决定是否正式录用他。试用期结束后,我录用了他,并提供薪水。

我热爱新工作,但是也有一些公司文化让我难以适应。一次,在雷曼客户举办的聚会上,我才明白了这一点。那时,他周末回家,家在纽约沃特米尔,靠近汉普顿。我和杰姬穿着非常随便。其他客人身着长袖衬衫,一些人身着蓝色西装,甚至还有一个人穿着前端有翼状装饰的皮鞋。我和杰姬习惯于杜威海滩式的派对,在那里,你可以身着泳装出席,如果你想稍微讲究一点,外面可以套件尼龙T

袖。我们很难与人找到共同话题——每个人看起来都很冷漠、难以接近。最后，我们发现有个人很好说话。他与我们聊了大约 10 分钟，然后，他说，非常抱歉，他必须要回去工作了。他是酒吧服务员。

工作中，我在一份协议上也犯了点错误。为了评估一家名为底特律国民银行(National Bank of Detroit)的价值，我飞到密歇根，与其总经理会晤。我问了一些非常简单的问题(类似于“如果汽车业增长周期放缓，你准备降低增长率吗?”这样的问题)。但是，几天后，我回到纽约，被老板叫过去——那家银行打电话给雷曼，要求解释清楚，为何我的问题如此强硬，还具有责问口气。我被传唤到楼上办公室，与雷曼高级经理面谈，之前，我从未听说过这个人。他是汽车公司的前首席执行官，在雷曼专门负责汽车产业的银行业务。他有点像个呼风唤雨式的人物。

这人风度翩翩，颇有贵族风范，我感觉自己就像一名来自埃利斯岛的下层移民受到亨利・福特亲自接见。他明确表达了一些信息：我不应该激怒这些银行的人。应该尝试着用更加温和的方式，删除刁钻的问题。令人吃惊的是，雷曼公司强迫我飞回底特律，重新与底特律国民银行会谈，向他们展示出我温和的一面。

如果我发现这些令人不安的话，那么，还有更多特别待遇会让我分心。仅仅在加入雷曼公司一个星期后，公司为百慕大投资者举行一场会议。会议放在了上午，抽出下午时间进行高尔夫、潜水、游泳活动，或者带着冰冻饮料聚会。晚餐是自助餐，包括龙虾、鲜虾、新鲜琥珀鱼和鲭鱼等。我所在的高尔夫四人组赢得较低的杆数，更重要的是，在我人生中，唯一一次赢得长时间开车比赛。杰姬和我一同上路，我记得，在那天晚餐中我们互相对视时，我们两个人都知道对方正在想：这是真的吗？我们真的刚刚就在这里，体验到这一切吗？晚上的娱乐活动把我们拉回了现实，这里充满了 20 世纪 50 年代布鲁斯乐队的旋律——“小安东尼与帝国”(Little Anthony and the Imperials)。

客户间的娱乐活动远不如家庭活动那般友好。有一次，我去明尼阿波里斯市和投资者沟通，旅途期间，最佳的时光中，都被雷曼销售员带我到处去看公司关键客户，在那里，我介绍了自己的银行估值模型。那天晚上，晚餐吃完牛排后，所有人挤进一辆车内，开往该市仓库区的一家酒吧，里面有一排赤身裸体的女人在狂魔乱舞。为了观看大腿舞，销售员还支付了几百美元钞票，有些客户和舞者消失在后面的小包间里,开始寻欢作乐。我与客户们小口抿着啤酒,他们正在边缘徘徊着,我天真地猜想,哪一个会对客户有更大的吸引力:我的研究成果,还是给他们100美元钞票去找舞女寻欢作乐。凌晨2:00,我回到宾馆,次日很早起床开会。当我提出付昨晚的啤酒钱时,销售员告诉我,他会把所有开销算做业务招待费——"娱乐费"。

但是,在雷曼公司,我较大的失误与投资银行家的沟通相关。在这个时代的大银行中,分析师的工作就是配合投资银行家,交易员负责从我们所研究的公司中获得业务。尽管现在已经不再允许这种协作,但是,回到20世纪90年代中期,这种协作在华尔街极为盛行,雷曼公司并无二致。银行家想不断交易——二次发行股票、发行债券、并购、并购基金等——因此获得巨额费用。作为分析师,他们希望,我们可以提供帮助。他们的想法是,如果我们在自己的研究领域内提供一些有关公司的积极信息,我们想讨好他们,他们就会选择我们的银行交易员进行下一次交易。如果我们实事求是地提供信息,或者是说一些不恭之词……嗯,我很快就会发现。

每周,投资银行家都会在一次午餐上讨论投资策略以及潜在的新客户,在我到雷曼的第一个月,有一天,我也被邀请参加午餐会。雷曼公司的一些投资银行家的穿着几乎是千篇一律——昂贵的皮鞋、法式袖口衬衫、油光锃亮的大背头、吊带裤。早期会议上,他们明确地问我一些关于美一银行首席执行官约翰·麦考伊的事情,他曾在自己公司私人飞机上为我做过虾仁鸡尾酒。我有种感觉,他们已经知道我和他有着密切的工作关系。这甚至让我想到,我之所以被雷曼雇用,这或许也是一个重要因素——把美一银行拉过来做投资银行客户。

我给他们讲述了和麦考伊一起旅行,到洛杉矶拜访客户的事情,后来有位高级银行家打断了这个故事,他说,"一切都不错,但是,我们如何把这种热情转化成公司的资金呢?"对于这些话,我思考了几秒钟——把热情转化成资金。他们说话很直接。想让我帮助他们让这些公司进行交易。我坦率地告诉他们,我也不知道。我并不认为,自己的工作任务是争取并购业务,以及把银行首席执行官变成公司的客户。会议结束后,我顿时明白,自己在雷曼很可能不会茁壮成长。但是,我所做的事情就是关注自己的研究和分析,竭尽全力地判断,哪只股票会是投资的好机会。

不久以后,同样的事情再次发生。我对匹兹堡国民银行并购业务提出批评,同一个投资银行家,在每周午餐聚会上,他隔着一大盘三明治对我大声喊道:“我们怎么赚钱呢?”对很多投资银行家来说,并不存在所谓的糟糕交易——它们都能为公司产生不菲收入,即使客户公司和其投资者遭受损失也无所谓。我觉得这没有任何意义。有些客户不应该交易——有些交易没有内在的战略性逻辑。我会向那些人提出建议:拥有匹兹堡国民银行股票的人,或者是想买入该股的人。

回到那个时期,投资银行家会对分析师进行特别评估——一部分是我们的业绩回顾,另一部分是我们的薪酬结构。良好的评估得分可以让我们在公司的发展前景更加光明。并且,可以肯定地预测出,交易员给了我一个最低分数,他说我不善于团队合作。

这似乎并没对公司产生任何影响,因为我发出买入指令的银行股表现良好,尤其是,1994 年我所推荐的一只股票,表现优异。在此之前的几十年间,大多数银行只能在一个州进行运营——如果你想拥有分支机构,比如说,纽约和新泽西,你需要在每个地区都设立独立的控股公司。但是,1994 年,国会通过一部法律,废除了该规则。当时,银行陷于熊市困境,但是,我认为新法案意味着一轮整合浪潮,成本降低,会引发股价大幅反弹。银行会面临更加严峻的竞争,它们只有两条路可走,要么业绩表现得更好,要么就被收购,二者都有助于投资者获得更好的收益。

1994 年 12 月,我对自己研究的大多数银行给出了买入评级。那年,整个银行业单独下跌了 20%,投资者对我说,事实上,没有人同意我的观点——不是雷曼高级策略分析师(前银行分析师),也不是公司技术派人士(追踪股票趋势的人),更不是主要公司的其他银行分析师,除了瑞士信贷分析师汤姆·汉利,他对自己支持的银行股采取温和看多态度。

我创建了一个新估值模型,类似于在瑞士联合银行所构建的模型,这次,用于预测哪家银行有可能成为接管对象。该模型选出的股票在出版刊物上被转载,如《华尔街日报》和《巴伦周刊》(*Barron's*)。我非常坚定地看涨行情。公开的乐观看涨，激起敌对意见——一名投资者对我说，“你能说的就是买入、买入、买入。”好消息：模型作出了精确的预测。1994 年 12 月，在我发出买入指令的一个月内，银行业股票反转上涨。在接下的几年内，标准普尔银行指数上涨超过 250%。从 1995～1999 年，我所挑选的股票年均增长 52%，远远跑赢了大盘。我在为自己的客户赚钱。1997 年，《机构投资者》杂志首次把我列入“全明星分析师”名单，1998 年，在我职业生涯的第 6 个年头，被该杂志授予最佳地区银行分析师的称号。

然而，对雷曼的银行家来说，像这样的工作似乎并不重要。积极看涨没有给他们带来更多业务——部分原因在于，周一午餐会上我不大愿意和他们聚会，也不愿意把看涨行情转化成业务——我仍然采取消极策略，在某些情况下，我认为这种策略有足够的理由。试举一例：科凯集团，克利夫兰的一家银行，我在瑞士联合银行时就曾激怒过它，研究报告中说了一些他们不喜欢的事情。在雷曼工作的第一年，我撰写了关于科凯集团的另一份报告，题目是“蜜月不会持续太久”，是指该公司被一家规模大小相等的公司合并，现在，被迫去整合它们之间不同的公司文化和运营模式。

科凯集团为此暴跳如雷。4 年后，这家公司的管理层会再次打我电话。他们在公司内部禁止该报告，中断了与雷曼的投资银行业务。就像电影《偷天情缘》一样。我也不喜欢自己看到的事情，但是时间会证明我的判断是正确的——科凯集团股票在一年多时间里陷于中性评级，与此同时，标准普尔 500 指数上涨了约 25%。

我在雷曼任职期间，同样的故事不断上演：开展可靠的研究，然而，这些研究并未明确地反映业绩评估。年终考核中，交易员在其评语中嘲笑我对投资者的建议，他们说“迈克·梅奥只要能往上爬，啥事都会干……这样可不好”。我认为这是一种讽刺挖苦——在雷曼，我没有做任何一件有助于职业成功的事情(即与投资银行家打好交道)，我也很清楚，自己在公司内不会升职，即便是投资者对我的分析给予嘉奖，也改变不了这个事实。当晋升机会来临时，我的级别不仅在董事总经理下面——这表示你会是一名顶级分析师，而且还在高级分析师下面。

团队中其他人级别都比我高，我为投资者赚了很多钱，其他人却没有这样的成果，老板对我说，几年前，在另一家公司面试中战胜我的那名分析师——至少部分原因是她毕业于哈佛大学——正在面试成为我们团队的负责人。

我想，为何会这样对我呢？我夫人对华尔街发生的事情毫无耐心——对她来说，这就是一群带有各种名头的人把一堆钱转来转去。她对我说得很简单："你的工作是为公司赚钱……你是怎么想的？"对此，我回答道："短期还是长期？"

1997年，我得到一个负责瑞士信贷第一波士顿公司银行研究团队的机会。有趣的是，我采访了赋闲中的权力掮客汤姆·汉利，他已经离开瑞士联合银行。抓住这个机会，我告诉他自己在雷曼的经历并不愉快。研究部主任马上变得很严厉，像保安一样立马把我护送回办公室，让我拿包走人。我们经过同事们的办公室以及初级职员的小隔间，又经过公司接待区，尴尬地等待电梯。我直视前方，他一句话也没有说，坐了很长一段时间的电梯，才到达世界金融中心的大理石大厅，我走出旁边的转门，那里，有保安在值班。感觉好像雷曼在好几个月前就已经驱逐我了。

第三章　流放……和救赎

20 世纪 90 年代末期，虽然我的职业发展势头良好，但是我有一种感觉，自己在很多方面的风险正在积聚。每件工作都会让我在华尔街更加引人注目，由于资历越来越深厚，责任心越来越强，越来越多的客户到我这里来寻求银行部门的真相。我预测准确，并且，也很信任自己从事的研究。然而，我想象中的华尔街形象，与自己每天亲眼目睹的华尔街形象之间产生的反差越来越大。我觉得这种差异并不能长久存在下去。如果我确信自己的工作有着实际意义——是否我真实客观地评价了自己在银行业所看到的现象——我必须要作出判断和决定。接下来，在瑞士信贷第一波士顿公司工作时，这些都急需我考虑清楚，并且，也产生了我无法预料的后果。

在瑞士信贷工作时，我注意到的第一件事就是，这里的客户娱乐和之前公司一样盛行，并更加奢侈浪费。事实上，甚至达到了荒谬的地步。公司租用直升机接送客户，去进行高尔夫球户外活动。瑞士信贷公司的分析师可以在总部办公大楼预约私人餐厅，享受纽约顶级厨师的服务。初级分析师在下面几个楼层的办公室内拼命工作，坐在小隔间中，费力地处理电子表格文档，与此同时，我们身处安静的房间内，和客户们享受着用精美银器盛上的美食。我可以约请我夫人以及 6 位其他人到场——有时，我会约请一些比客户更友好的投资者。晚餐过后，厨师们会出来，把签好名的食谱副本送给我们。我保留着厨师大卫·波力(David Bouley)的晚餐菜单，他是纽约餐馆界的明星式人物。在金色牛皮纸菜单上，标有带青柠檬汁的金枪鱼生鱼片——腌制的维达利亚甜洋葱、查塔姆大龙虾、混合阿马尼亚克酒汁的鹅肝酱,还有各式各样甜点,其中有一种包含野生浆果的甜点叫作“地狱云”。当然,酒也一定是珍藏级的。

然而,类似于这样的宴会结束后,我擦掉嘴角的甜点屑,却越来越迷惑了,因为我知道这种特殊待遇的源头——又是投资银行家,他们投资银行股,但主要与科技相关。我的工作与技术并不搭边,但是瑞士信贷在此领域是行业领导者,那个时候,纳斯达克正在不断刷新纪录,科技股首次公开发行大量涌现。1998 年,公司引入了 18 名科技股分析师,连他们的老板弗兰克·奎特隆(Fank Quattrone)也纳入麾下。自 1998 年他们加入公司到 2000 年末,公司承销了 79 只科技股的首次公开发行——占瑞士信贷业务的 3/4——这可以用来回报客户,给予银行家足够的补偿,还可以诱惑其他科技公司首席执行官,要是他们公司未来准备上市的话,就有可能来找瑞士信贷。

在瑞士信贷,我被提升到常务董事的职位,相当于公司合伙人,早先看涨银行股,让我在客户中获得了很大的影响力。我想,自己与公司交易员建立了良好的工作关系,他们为公司安排了大交易。其中,有一名交易员叫奥利弗·萨科奇(Oliver Sarkozy),他哥哥尼古拉斯(Nicholas),以后会成为法国总统。他们不会强迫我对股票进行积极评级,我觉得他们是真诚地想得到公正看法。曾有一次,我写了一篇关于第一联合银行[First Union,现在属于富国银行(Wells Fargo)]的报告,态度非常严厉。但是,与我之前的经历相反,两名重要的投资银行家把我的报告直接拿到了第一联合银行,就银行如何解决这些问题制定了方案。第一联合银行同意我的分析,银行家提出了解决方案,之后,他们聘用我们公司来处理必要的事务。系统就应该这样来运作。不要吹捧——只要用透明公开的方法进行分析。每个人可以公开发表意见,自然会判断出谁是对的。

但是,作为分析师和交易员,与科技股团队相比,我们相形见绌。我与某些科技股分析师沟通时,他们明显目中无人。有一次,我在一名初级网络行业分析师办公室外等待时,他咆哮道:“你想干什么?”另一名研究网上银行的分析师根本不回复我的电话;他告诉我,他只会回复投资银行家弗兰克·奎特隆的电话,或者是《纽约时报》的电话。

同事们也用其他方式表现着自己的权威。在我参与的首次瑞士信贷常务董事会议上,主讲嘉宾是科林·鲍威尔(Colin Powell),第一次海湾战争美军指挥官,后来成为美国国务卿。他在会议上演讲时,后排一些常务董事相互呼喊打闹,就像集会上的高中生一样。我为这种人感到极为尴尬,他们对领导人和国务卿如此无礼,要知道这位国务卿可是从南布朗克斯独自打拼出来的好男儿。

我努力让自己保持一种局外人的身份,尽管偶尔会或多或少地向另一边瞥一眼。1999 年,瑞士信贷促成一笔交易,美国合众银行[US Banlorp,后来叫富施达(Firstar)]花 100 亿美元收购莫肯特尔银行(Mercantile),这家即将被并购公司的总经理举办了一个仪式,正式宣布了其新战略。交易完成后的仪式,与银行业或其他部门的标准运作流程几无二致。新总经理来到巨大的会议室内,站在新公司标志前挥手致意,摆出各种姿势供记者拍照,之后,向分析师、投资者以及对新公司未来运营深感兴趣的人士阐明公司发展愿景。投资银行家也会到场助兴——在某些情况下,他们会指导公司高管人员如何发布消息,强调交易带来的所谓好处。

过去 20 年间,银行业出现密集整合,在此期间,我参加过很多类似的会议。但是,这次有所不同。当我来到市中心高档酒店豪华的上部楼层时,我看到一位本公司从事银行部门的交易员。他说:"这边儿,跟我来。"很明显,这就是他想让我碰面的人。

走廊座位上有一位男子,我之前从未见过他。"这是薪酬专家,"投资银行家说,"就是他促成了这次交易。"与很多华尔街公司一样,瑞士信贷在交易中也会聘请这样的专家,其工作就是为交易中所涉及的高层管理人员精心制定薪酬方案。公司为并购支付一次性费用,并且,这些费用可以核销,也就是意味着,可以从利润中加以扣除。结果,公司都愿意把尽可能多的东西放到"并购相关"范畴内。

我一直对此满怀疑惑,是否有这么多的费用真正与并购相关,同时,有多少东西与支付给首席执行官、其他高级经理人的费用相关?现在,投资银行家基本上认定,这个人在完成最终交易中起到了关键性作用——上面还关系到公司战略,"股东价值"以及新公司竞争力。这只能在短暂的时间内让人相信,并购之所以成功的一个主要原因是,所有的高层管理者都得到了不菲的回报。

我大为吃惊。这就是交易完成的真相。只需要不到几秒钟——握手寒暄——我走进房间。它只是增强了我的感觉,自己要保持局外人的身份。就像我说的一样,自从 20 世纪 90 年代中期以来,我听过很多报告,唯有这一次清晰地看到,整合浪潮中薪酬补偿所发挥的作用。人们对激励会有所反应,华尔街

(在很多方面现在仍会保留)有一个激励方案,这些方案要是没有废除的话,基本上都不合情理。首席执行官们有时卖出其银行,仅仅是因为他们可以赚钱,同时,银行有时候并购,不是因为内在的竞争战略,而是因为这可以让管理者得到更多报酬。他们可以协商——在很多见不得光的范畴内为自己争取更好的薪酬补偿,如"就业协议"、递延福利、养老金计划、限制性股票,以及其他好东西,即便这时,他还会向其数以千计的员工鼓吹自己会仔细对待每一分钱。

银行管理者并非是唯一的过错责任方。在此期间,随着市场出现越来越多的泡沫,以及科技股持续飙涨,远远超出其理性价值,似乎是每个人都受到赚取快钱的诱惑。交易员为日益富裕的高管们轻率地交易,从而获得金钱回报,而不是建议他们进行最佳的长期投资行为。分析师成了拉拉队队员,为了获得收入,想方设法为交易寻找各种依据,而不再是挑剔地审查公司。会计人员为了获得收入,成了咨询顾问,不再仔细核实财务报告。华尔街公司的股票交易商为首选投资者提供历史股票价格,从而赚取了更多回报。监管者利用其关系,在有利可图的私营部门谋得工作,从而使其收入出现杠杆式增长,为其之前政府工作找到了事后补偿。

所有这些行为,不是出现在一个人身上,而是出现在一大批人身上,促进了20世纪90年代末股市泡沫的膨胀,最初源自于科技领域,之后传导到了其他领域。过度炒作的激情发出了迄今为止最强烈的信号,华尔街出问题了。不仅分析师有问题,而且更大的问题在于整个系统。不久之后,我就明确表示了自己的立场,并且为自己的信念赌上了整个职业生涯。

或许,让我最为担心的事情只是一种感觉,银行股票有可能会再次反转下跌。1994年《州际银行业法案》(Interstate Banking Law)已经颁布了5年,该法案允许银行跨州经营,我认为,银行通过整合就可以轻易获得收益的好日子到头了。用一种比较含蓄的商业辞令来说,就是低处的果实先遭抢。银行无法通过并购和缩减成本来维持其成长动力时,它们会考虑下一个合乎逻辑的方法——发放更多消费贷款。我预测,这意味着贷款质量有可能会降低,反过来说,这会产生更大的风险，其中一些贷款会导致亏损。同时，在股票期权的相助下，管理者薪酬大幅上涨，这些做法从高科技公司高管开始，现在传导到了所有美国公司。期权可能是一个有用的工具，但是，它们也可能鼓励管理者甘愿冒更大的风险。薪酬问题出现前 10 年，被认为是金融危机的主要根源。

有两个明显的预警信号，1998 年末 1999 年初，我对该部门进行了大量研究，因此，这些案例是真实可靠的。我总是喜欢为研究项目找到合适的题目，1999 年，我发布了一份厚达1 000多页的银行业报告，把它命名为“银行与红皇后效应”(Banks and Red Queen Effect)。援引自《爱丽丝梦游仙境》(Alice in Wonderland)中的“镜中世界”，红皇后与爱丽丝进行比赛，两个人都拼命跑，但谁也没有取得任何结果。爱丽丝询问其中的原因时，红皇后说，“现在，你看，你已经尽了全力奔跑，却仍然停留在同一个地方。如果你想去其他地方，就必须跑得比现在快一倍！”换句话说，银行必须努力工作，才能维持当前的发展速度。该份报告涵盖了 47 家美国银行的详细分析报告。

另外，我不再看空某几只股票，而是看空整个行业。我并不认为自己可以在一大堆股票中找到一只优质股——因为行业中并不可能只有一只股票。这与大多数分析师的言论恰恰相反，并不仅仅银行业如此，而是在所有行业，我们的言论都针锋相对。过去 10 年间，买入评级相对卖出评级的比率，也已完全失衡，然而，在历史上，其比率各占约 50%。这似乎才是正确的，不是吗？一些股票上涨，一些股票下跌，因为，对每家公司来说，整体市场运行方向、竞争威胁以及自身存在的特殊问题都有所不同。20 世纪 90 年代末，该比率是每 1 个卖出评级会有 100 多个买入评级。美林公司的买入评级有 940 个，而卖出评级仅仅 7 个。所罗门美邦公司：856 个买入评级，4 个卖出评级。摩根士丹利添惠：670 个买入评级，卖出评级为 0。

分析师几乎从不会说卖出某家公司股票，因为这会疏远与该公司的关系，他们还要拉业务，并且，投资银行家会严厉斥责那些作出负面评级的分析师。如果“卖出”这个词说的次数太多，老板很可能就要请你走人了。

我想在报告中维持几只股票的买入评级，只是为了安全，但我对这种评级并没有十足的信心。如果我不相信股票上涨，如果我没有把自己的钱投资到这些公司，那么，我怎么能够让客户来投资呢？在银行股长期反弹期间，这些股票一路上涨，我的买入观点非常明确，我所精选的股票价格上涨了 2 倍或者 3 倍时，我会非常明确地指出，它们在未来将会走上漫漫熊途。

我准备好报告，寻找个股下跌以及整体板块下跌的证据。甚至，我朋友约翰·麦考伊所掌管的美一银行也在此列。这是位天才管理者，几年前，他用公司的私人飞机带我旅行，这种即将下调的公司评级，让我觉得自己像一个叛徒，如同直面侮辱他一样，尽管如此，我还是宁愿站在客观的、可量化的防御立场上分析他的公司。换句话说，他让我感到自己的工作很不舒服。

个人生活中，我也做了一些准备，为自己做好最坏的打算。我始终生活在不安定状态之中，担心市场是否会经历巨幅反转下跌，这就好像在某个悲惨的日子里，会失去薪水和职业一样。当时，我与妻子买了一套公寓，特意选择了共管公寓，如果我失去工作，就可以把房子租出去，这与合作公寓不同，合作公寓是不可以出租的。我把债务降到最低限度，量入为出，非常节俭。我们还没有孩子，并且也没有任何家庭方面的考虑——如果我失去工作，最终离开华尔街，家里也不会有人埋怨我搞砸了。也不会告诉我，我本应该闭上自己的嘴巴，安静地工作。

然而，即便那时，尽管我所有准备工作就绪，也很难鼓足勇气拨打电话。1999 年 5 月 17 日，我准备付诸自己的全盘计划，却失去了勇气。我曾在自己工作岗位上拼命工作，才走到了今天的位置，现在终于得到了梦寐以求的东西。我真的准备为某些抽象原则而冒此风险吗？

之后，我下了决心。如果我真的采取行动，就不必为自己留后路。如果我现在不动手，就会一直犹犹豫豫。这种情形不可能再来一次——荒谬的泡沫市场，身边热情洋溢的分析师，银行股有可能下跌的真实情况，华尔街顶级公司中引人注目的职位。我记得，自己小时候曾与父亲一起到郊外看金莺棒球队打球，学会了如何在正式棒球统计单上记分。三振出局记作“K”，但是，如果你三振出局——意味着你甚至没有击打第三次球的机会——就被记录为一个反向的“K”。我始终认为这是更糟的事情，在生活中要尽力避免。如果三振出局了，至少我还要有打球的机会。

1999 年 5 月 24 日，我 4:30 就醒了，比平时上班铃声早了 1 个小时，开始进行例行的跑步运动。锻炼一直是我的情感宣泄口。有些早晨，我会从第一大道开跑，围绕中央公园跑一圈，在街道上进行十字交叉跑步，以避开交通信号灯。(我最快的时间——53 分 23 秒。)还有一些早晨，我会到体育馆，分 6 次做1 000 个仰卧起坐。我出差时，会随时随地围绕着法兰克福机场跑，要是碰到早晨下雨，健身中心还没有开门的情况，我就会在波士顿宾馆楼梯间上下来回跑。锻炼总会让我清醒地意识到，工作压力与真正的身体苦痛还是存在很大的差异。华尔街人应对压力的传统做法——他们会喝酒，搞一些风流韵事，培养价格不菲的爱好，如汽车收藏——这些对我没有用。相反，我是个锻炼狂人。

这天早晨，去中央公园天还太黑，我没有冒此风险，就沿着东河边跑步，从第 78 街，一直跑到第 60 街的直升机坪，再折返往回跑，其间，避开几个无家可归的流浪汉，跳过一两只老鼠。第 77 街，我重新回到人行道，停留在上面，俯瞰黝黑的河水，之后，穿过运动场和纽约林阴路。完成 4 英里跑步后，我开始抽筋了。这是真实的身体痛苦。我做好了准备。

早晨 6:30，我走进办公室，身着黑色西装、白色衬衫，系着最喜爱的领带，打着相对保守的“里根”结。1 小时后，公司召开分析师与销售员例会。晨会上，8 名分析师来自不同研究领域，我第一个发言。“毫无疑问，”我说，“卖出银行股，我会下调该板块评级。卖出美一银行，卖出摩根大通银行……”声音通过“话筒”传达出去，全世界 12 个城市的 50 多名销售人员都听到了。接着，他们会把我的看法传达给 300 多名资金经理人，这些人都是业内最大的机构投资公司的员工，诸如教师退休金计划和像富达这样的大型共同基金。

3 分钟陈述后，我回到座位。我认为，到目前为止，还是安全的，之后，我拿起电话。开始打电话给那些我给予下调评级的银行巨头，向他们发出警示讯息，与此同时，也给几个公司的机构投资客户通了电话。不久之后，我被叫回到话筒前，为销售人员进行特别陈述，之前从未出现过这种事情。他们想让我澄清自己的想法：我刚才所言的真实含义是什么？为什么不维持原有评级呢？

我再次摆明了理由：贷款质量下降、管理人员薪酬过高，以及在并购推动下实现了 5 年的迅速增长后，行业发展面临阻力。(预测也考虑到了千年虫因素，但是，在这个方面，我的预测是错误的。)总之，我认为，银行股会跑输大盘，之前，我发出过买入信号，这让客户赚得丰厚利润，现在，我想他们可以锁定这些利润。

反击几乎立马就到了。一位投资组合经理说：“他想试图证明什么？难道他不知道他只能将垃圾股评为卖出?”另一位喊道:“我简直不相信梅奥会这么做,他一定是在找死!”某机构一个投资组合中净是银行股——该类股票立刻开始下跌——公司交易员将我的照片打印出来,钉在她的通知栏上,上面潦草地写着“通缉”二字。我捅了个大马蜂窝。那天上午,一位管理大型捐助基金的客户给我打电话,对我说,“看电视”。财经频道评论员关注了这则消息,正在嘲笑我的观点。乔·柯南(Joe Kernen)开玩笑道,“谁是迈克·梅奥,谁知道他是不是申请购车贷款被拒了?”甚至有人给我发来一封恶意的匿名语音邮件,强硬且傲慢,带着威胁语气,“说话小心点儿”。

银行分析师同行们开始疏远我。汤姆·汉利与投资者举行了一场电话会议,会上,他嘲讽地把我称为“梅奥·奈瑟(Mayo-naise)”,并说我并不了解自己给予评级的那些公司。美林银行分析师举行电话会议,反驳我的观点。华尔街机器开始运转,它对那些局外人没有丝毫耐心,因为他们说出了一些让它不喜欢的事情。银行和竞争对手根本无法理解我的动机。作为一名分析师,应该把时间用在为客户赚取更多的财富上,而不是努力做一些公共服务,这与我在美联储的工作大不一样。

有些客户的反应让我看到一些希望。有人电话问我,是不是我真的这样认为?(的确是。)另一个人对我说,如此重大的事情,你一定是鼓足了“勇气”,才公开这个秘密,我对此深表感激。

当天下午,我来到财经频道,主持人不停地问我,我是否担心潜在的后续影响。我说,“我对某些银行有着足够的信心,我觉得,它们会让我以正确方法来完成自己的工作”。我也作出一个预测,银行会大规模增加房屋贷款量。我认为,这可能会引起大麻烦,如果国家经历一场衰退,那么这会导致房地产市场出现问题。结果可能是“低房价和低抵押成为一个自我实现式预言,更别提具体的政治后果了”。证明上述言论的正确性,可能还需要10年的时间。

那天晚上,我和妻子在格林尼治村的珍珠贝酒吧共进庆祝晚餐。尽管疲惫不堪,但是觉得很幸福,前所未有地舒畅。我挺过来了。杰姬,她成了一位科学家,不明白为何我会感到自己如此勇敢。我的所作所为,准确、真实地展现了自己的观点。晚餐过后,我试着解释了实验室规则与这种游戏规则的区别。银行股的好日子到头了,当天就明显下跌。如果它们持续下跌,我想,我就为公司和自己树立了信誉,赢的不仅仅是一场战斗。我会向世人展示,在华尔街,客观分析会占有一席之地。

然而,尽管我在财经频道说过自己对金融系统有信心,但这句话有可能被放错了地方。我观点的准确性让我在客户中赢得一些赞誉,但也会让某些人不高兴。一些公司中止了与我的合作,瑞士信贷——把它的股票交易业务转移到其他公司——后来承认,这是因为那通电话的原因。即使是那些没有采取强烈反对态度的公司,也不希望我继续宣传这个观点,这会意味着,它们的投资组合价值会贬值,因为在投资组合中也包括银行股。

当然了,被我调降了评级的银行更生气,而且它们在我面前显示了自己的怒火。我工作的内容之一是同管理人员定期会面,然而在我下调银行评级后,再要求同银行例行会面时,就遭到了几家银行的拒绝。一名投资者管理经理说:"为什么要帮助一名不理解我们工作的分析师呢?"另一家银行首席法律顾问要求我收回自己的观点和言论。更糟糕的是,一些美国中西部和东南部的大型机构,威胁要断绝与瑞士信贷的所有业务往来——不再进行投行交易,不再缴费。我预料到了这一点,但是,我不能确定其损害程度。我与瑞士信贷交易员的关系仍然良好,但是,如果我让他们出现资金损失,恐怕这种关系也会发生变化。

几个月后,市场开始遇到麻烦。1999 年 7 月,标准普尔银行类股分类指数见顶,到该年年底,下跌超过 20%。区域性银行表现尤其糟糕,该类股股票与大盘的相对走势是半个世纪以来最差的。个体银行也开始出现分化。8 月末,美一银行[一年前刚刚并购芝加哥第一银行(First Chicago)]宣布,由于信用卡部门业务增长缓慢,它有可能无法达到盈利目标。该股下跌 25%,相比其峰值来说,市值减少了 150 亿美元。首席执行官约翰·麦考伊年末被迫离职,此时,该股从顶点下跌了 47%。后来,麦考伊在《财富》杂志上撰写了一篇文章,其中对我看空银行股及其后果进行了夸赞:"梅奥具有非凡智力,为了了解企业,他极其努力地工作,我很尊重他。"然而,麦考伊也把我的言论看成是走了"狗屎运"。

如果我认为来自所研究银行的反应很糟糕,那么,要不是在自己一亩三分地上取得了进展,情况有可能会变得更糟。20 世纪 90 年代末,金融业经历了巨大的整合浪潮,我的很多成就来自于对接管目标的精准预测。1996 年,在《华尔街日报》刊登的一篇文章中,我列举了 10 大接管目标公司,接下来的 3 年内,有 6 家公司被接管了。之后,2000 年夏,该趋势完成了一轮完整的循环。

2000 年 8 月,我就职的瑞士信贷公司宣布买入另一家投资银行——帝杰证券公司(DLJ)。该项交易会让瑞士信贷扩大在华尔街的规模和影响力,成功跻身大公司之列。合并后的公司必须裁员,因为它马上会出现两个相同的职位,其中包括两名银行分析师。虽然我自认为很安全。两个人中,我在《机构投资者》杂志的排名更高。同时,瑞士信贷公司的投资银行家也给予我相当不错的评价。当我问起这件事情时,助理研究主任向我保证没有问题。我开始每天询问最新进展情况,他反复说,还没有任何消息。

之后,谣言四起,他的语气也开始从不清楚转为表达歉意。合并后的公司"可能"保留帝杰证券公司分析师及她的团队,这意味着我会被解雇。当我听说这件事情后,把钢笔扔到他办公室,使劲地用钢笔敲打椅子。伤口上撒盐的事情是,就是这位哈佛毕业的分析师,10年前,我与她竞争同一职位而失败,在我面试期间,由于拥有美联储工作经验,我差点成了雷曼公司团队的管理者。

我仍然不相信这种事情,上班时,我就会思考用哪些手段来避免它。一天,美联储有人打电话给我,之前,他曾向传奇人物比尔·泰勒做过报告。这似乎是个好兆头,我希望美联储精神能帮助我。美联储想让我为一群跨国银行监管者做报告,主题是"改进信息流动及信息获取的方法",目的是为全球各地的银行分析提供帮助。

我竭尽全力做好报告,认为公司绝不会解雇一名获得这种地位的员工,特别是,在听众中就有负责监管瑞士信贷在美国及全球各地分支机构业务的监管者。后来,我给瑞士信贷经纪公司负责人发了一封电子邮件,提到了与会听众,并随附了演讲稿。他回复了一封简短的电子邮件,只有几个字:"就该这么做。"

算总账的日子越来越近,每天的工作都觉得不踏实。公司要求我向一群新员工讲授股票研究业务。我做了标准报告,谈到这些研究需要保持客观和真实。"我就是你们从事自己工作的榜样,就是研究工作所需要的方法,并且也是一名幸存者。"但是,此话一出,我便泪如泉涌。我把头转向一边,进行了几次深呼吸,调整好情绪,继续讲述。真相即将大白。

一星期后,2000年9月,我和自己的团队被公司解雇。这距我发出银行股负面观点已有16个月的时间,随着时间流逝,这种观点看起来越来越正确。让我离职的决定并非基于个人的绩效,同时,也与公司合并无关——近几十年间,我在《机构投资者》杂志中两个银行类别排名极高,是仅有的两个人之一,但不管怎么说,我还是被解雇了。我也是证券研究部门唯一被开除的常务董事。我信任的人也赞成解雇，之后，他成了证券部门负责人，如今，担任瑞士信贷全球首席执行官。

我清楚地知道，提出重要的、大胆的观点时，一旦实践证明该观点出错的话，就有可能让我丢了饭碗。我也知道，如果我影响了交易员的业务，他们就会想方设法让我离开。事实证明，看空银行股的观点是正确的，但我还是被解雇了。在华尔街辛辛苦苦工作 7 年后，正准备为第 8 个年头打拼，这里，我可以竭尽所能做出最出色的工作，然而，我出局了。

接下来的 6 个月，我经历了所有悲痛，甚至还出现了些新问题。在公司的最后一天，我向1 000多名投资者发送了一封电子邮件，谈及了这则爆炸性的信息，向他们宣布了我被取代的情况，幻想着他们中的一些人会要求我回到自己的工作岗位。失业最初几天，我收到了大约 50 封回复邮件，帮助我寻找工作，但是没有任何人联系过我的旧东家，当然，如果他们联系了的话，情况也不会有所区别。

我也给美联储打过电话，认为它或许会否决这次并购，理由是这不符合公众利益。我在美联储工作时，这是我们需要仔细核查的一个因素。我想，美联储那些人会出来维护自己的利益。然而，这些电话没有起到一点儿作用。甚至我还打电话给证券交易委员会，问了一个问题：如果我依照惯例完成了自己的工作，公司却把我列入黑名单，对我进行批评——或者说公司解雇我——那么我有追索权吗？这是个有点幼稚的问题，甚至在我问之前，自己就有了答案：不，没有追索权。瑞士信贷与帝杰证券公司的合并照常进行。我无法重新回到原有岗位。幻想破灭了。

有个问题让我迷惑了几周时间，那就是，我从未听说是谁作出了解雇决定。决策是委员会作出的，统称为“他们”。一天，我开车去和自己一同失业的银行分析团队成员相聚，大家在新泽西打高尔夫，借此鼓舞士气，尽管我知道这样做并不太好，我还是给瑞士信贷证券部负责人打了个电话。他的助手接了电话，告诉我——非常明确地——他会接电话。我等了大约 10 秒钟，驾车上了高速公路，思绪万千，然后挂了电话。我就像被女友甩了的男孩子，乞求女友给他一个充足的理由——为什么她不再重新接纳自己了。

《美国银行家报》撰文称，帝杰证券公司银行分析师，评论了她对银行股的负面看法。作为回应，我告诉记者，这就像她不仅搬进我的旧邻居家，而且还进入我家，占有了我的全部家产。我并不期望记者能发表该评论，后来，我打电话给分析师，把这些事情都告诉了她。她是一名能够输得起的选手，她说自己对来电非常感谢，甚至还提供给我几条新工作信息。

随着时间的推移，我开始意识到，我不应该责备这些人。他们也可能会被另一个团队替换，结果都一样——我仍然会出局。这其中并没有阴谋诡计，这不是个人可以左右的。华尔街系统业已设计完毕，在该系统中，人们愿意追求短期利润以及薪酬最大化，但是，他们忽视了其特定方法的可持续性以及对公司的长期影响。这不是正常的资本主义，而是一种激进、贪婪版的资本主义。我之所以出局，不是因为有人故意和我过不去，而是因为我与这种思维模式格格不入。或许这就是所谓的接纳期。如果这样的话，对我而言，它根本就不是我想要的，但我仍然对这一切感到愤怒。

整个 9 月下旬到 10 月，一直是温暖的秋天，我利用这段时间进行了充分休整，经常与离职团队成员共进午餐或者打场高尔夫球。其他人都在上班，我们对自己说，我们就在这里，沐浴在温暖的阳光里。但是，随着感恩节的临近，天气逐渐转冷，打高尔夫球的乐趣也变得有点儿乏味。由于没有真实的目标，我们开始深受折磨之苦。我记得那些有关数字的谈论，一个人需要存足够多的金钱，然后永远离开华尔街。对某些人而言，金钱真的能满足他们吗？他们整天又都在干什么？

我开始发现，自己下午 14:00 在沙发上打盹，面前的电视机发出嘈杂的声音。有一次，我被电话声音吵醒——是一个我不熟悉的声音。“我正在休息，”我嘟哝道，“谁啊？”我挂上电话后，妻子听到了这次单方面谈话，刚才我脱口而出自己在休息让她有些担心，她问我谁打来的电话。我告诉她，是约翰·喀纳斯(John Kanas)，诺斯福克银行(North Fork Bank)的首席执行官，当时，这是家比较大的美国银行，他打电话对我说，他支持我的工作，并祝我好运。还有一个下午，我在沙发上休息，电话把我吵醒后，发现是杰米·戴蒙(Jamie Dimon)的来电。戴蒙和桑迪·威尔(Sandy Weill)一起在花旗工作了几年，之后，被踢出二把手的位置，现在，他担任美一银行首席执行官，接替了约翰·麦考伊。这次，我遵从了妻子的忠告，以更加清醒的状态进行了电话沟通，这是就业时流行的潜规则。戴蒙说了几句支持我观点的话，提到他公司在纽约有一项风险投资业务，问我是否需要这份工作。我回复说，我愿意继续进行研究分析，尽管如此，还是很感谢他。我忍不住要指出的是，有些更为内行的首席执行官也给我打了类似电话：这种小动作经过了深思熟虑，是他们打发时间的手段。

渐渐地，我开始承接一些小项目，只是为了保持活力，同时，也着手撰写职业生涯回忆录。为了与行业保持联系，我自掏腰包，周游全国各地，拜访银行——至少，还是有人愿意见我的。我甚至会带一些之前的老客户过来，这是保持双方关系和善意的手段。我尝试着通过人脉关系寻找另一份工作，给所有认识的人都通了电话，有时也是自取其辱。有几家公司约见我，但是，明确地对我说，它们的交易员有很多顾虑。他们说："我们不能确信你能够与'交易员友好相处'。"含义很明确：你不适合这种游戏规则。我在一家公司获得面试机会，结果却发现是以前的雷曼老板，正是这个女人把我从办公大楼驱逐出去的。我感到紧张不安，但是她非常亲切，甚至给我一个大大的拥抱。她没有给我的团队找到恰当职位，但是，她把我推荐给了其他人。我继续寻找工作。

并非所有会面都会这样亲切。有个对冲基金给了我一个短期任务：出席美林纽约银行会议，详细记载会议结果。我都乐意自己花钱参与这种活动——所有大银行及其首席执行官都将出席——但是，对冲基金反而花钱请我去参加。2000 年 12 月，我已经失业 3 个月了，但是，至少在接下来的几天内，我会重返游戏。我来到皮埃尔酒店，把名字告诉了登记台的女士。她马上要求我离开。我说，"对不起，你弄错了。我在为一位重要客户工作，并且我……"

"请离开。"这位女士说。

若非我不是这么穷困潦倒的话，我可能会讲一个笑话，比如"有人已经把我从更高级别的会议中踢出来了，"但是，我觉得很丢脸。所有银行都在这里，我却再次成为局外人和陌生人，这次，甚至都没有告诉我要走旁门，而是直接让我出去。我拨通对冲基金电话，他们让我等一下。他们又打了几通电话，1 个小时后，我返回皮埃尔酒店。这次，高盛公司员工说，允许我进入会场，但是，我需要一名陪同者，整个会议期间，他都会站在我身旁。我发现，这人是研究对冲基金的二流人员，当时，我就开了一个玩笑，公司应该派一流人员来跟随我。虽然如此，我还是得到了一些信息，帮了对冲基金一个大忙，使得它现在在该行业保持着领先优势。

即使有些类似的项目，但还是有很多时间无所事事。妻子休息的时候，我们去曼哈顿东村看电影或喝咖啡，抑或只是来一次长距离散步。我并不认为，她会缅怀这些与我一起共度的美好时光——那时，我不是最有魅力的伴侣。我无法摆脱这种感觉，其他人都有事可做，在追求某种目标，而我却没有。我生命中的大部分时间过得没有任何意义。如果这是退休的预演，我真的不想退休。

这段时间里，最令我感觉到开心的事情是，我可以花大把时间陪伴大女儿，那时，她还是个婴儿。在她出生之前，我从未抱过孩子，并且，我也不知道如何照顾婴儿。我们参加百老汇宝贝培训班，那里，失业的百老汇表演者与婴儿及看护人一起歌唱。另一个培训是“自己动手”，为婴儿们提供音乐器材，让他(她)们随便敲打，甚至是用嘴咬。在这些培训班上，通常情况下，我是唯一的男性——只有我，或许还有 2 位母亲，以及 6 位奶妈。我想对每个人说：“我有职业，我可以工作，这只是暂时的。”然而，我没有这样做，我与丽莉(Lily)一起玩耍，一起唱歌：“举起手，举起手，我们一起来歌唱。举起手，举起手，我们今天很快乐。”6 个月来，我很少会感到乐趣所在，但是，与女儿一起的时光绝对值得。

最后，寻找工作开始对我有利了，在某种程度上，结果比预期的还要好。我接到保诚证券的电话，问我是否想去面试。我差点儿把它拒绝了——我在报纸上看到，该公司最近在裁人。初次会谈时，我得知，裁员是为了重新定位，公司要远离投资银行业，转向纯研究领域。面试官问我，我如何看待这种战略。“解雇 1 000名交易员？”我说，“这开了一个好头。”

2001 年 2 月，经过 6 个月的流亡后，我接受了这份工作。保诚证券的职责非常清晰：领导公司重新定位，远离交易业务，回归研究领域。我再次成为资本主义的勇士。分析师对于自己研究的公司可以畅所欲言，不必畏惧惩罚或者失去业务。我们认为，如果结果优良，就有助于改变华尔街证券研究理念。我感觉就像教母实现了自己的愿望一样——随着时间的流逝，2 年前的负面观点在现在看来越来越接近事实，我回到自己的岗位，重新着手自己喜爱的工作。

还有，我当时担心在保诚证券工作会降低自己的身份，因为这是一家第二或第二梯队的公司。相反，保诚证券想让我成为其电视商业广告代言人。我将成为制衡研究的海报男主角。

我们没有为这些商业广告写脚本——只是必须回复特别问题以及电视上的问题。这非常轻松，因为几年前，我就梦想着把这些事情讲给全世界听。有一次，我说，“别再说些甜言蜜语、莫名其妙的话，也别再搞政治家式的研究……明确表明观点。你应该说话算话，说到做到。要客观真实，前后一致，为投资者赚到钱”。这个商业广告得到了非常广泛的传播，甚至在那年肯塔基赛马以及NBA决赛过程中都进行了播放，当时湖人队击败了76人队。每个人都看到了广告——家庭、朋友、同事、竞争者、交易员、首席执行官，并且，令我妻子感到懊恼和尴尬的是，偶尔会有完全陌生的人在餐馆中认出我来。有一次，电话会议前，苏利文克伦威尔(Sullivan and Cromwell)律师事务所负责人说，“昨天晚上，我在NBA冠军赛期间看到你了。”我只能说，“你看到我的肘部击中篮筐了吗?”我很开心，可以有机会对华尔街系统的荒谬本质提出一些批评，还可以得到报酬。正是因为感觉这种钱来得太轻松了，我把所有商业广告报酬直接捐献给了慈善机构。

保诚证券主导了一种转变，这种转变正在传播到华尔街的各个角落，其他公司改变了评级标准。甚至瑞士信贷也顺应了这种形势，强调更为独立的股票研究。我想，这种进化是在某种原则基础上进行的——公司终于看到了光明——但更重要的原因可能在于，按照传统旧方法操作，不会再赚到大钱了。股市快速下跌，科技股惨跌50%以上，如同宿醉效应一样，政府开始看到，前几年存在的一些最糟糕的过度行为，像安然、世通这样的公司都破产了。艾伦·格林斯潘反对“传染性贪婪”。瑞士信贷技术部门面临着一波负面宣传报道浪潮，这与其科技股交易处理有关，其中包括指控弗兰克·奎特隆妨碍司法公正(后来该指控被判无效)。瑞士信贷最终支付了2亿美元，这包括罚金、费用，以及与证券交易委员会相关的费用，同时，州检察官也对其新股处理进行了调查。

更令我感到欣慰的是，分析师之间的利益冲突开始为公众所熟知。由于科技股价值大幅下跌，而分析师维持其买入评级，所以投资者开始意识到，很多分析师并没有为客户进行客观研究。艾略特·斯皮策(Eliot Spitzer)，后来出任纽约州司法部长，联合证券交易委员会进行了一些调查，确定了最大的害群之马。

花旗集团身列其中——20 世纪 90 年代，该公司有一名电信分析师，名叫杰克·格鲁曼(Jack Grubman)。他曾在所罗门美邦就职，1998 年，花旗集团买入了该家公司，同一年，合并了旅行家集团；这些交易形成了今天花旗集团的主体业务。科技股泡沫期间，格鲁曼拥有令人难以置信的权力，然而，他打破了传统区分分析师与投资银行家的界限。格鲁曼建议公司交易时，要获取那些反映股价的关键性信息，之后，撰写所谓的股票公正研究。当时，他不假思索地说，“现在，曾经的冲突产生了协同效应”。

更为糟糕的是，据说格鲁曼为了换取股票非同寻常的交投活跃，改变了股票评级。1999 年，他调高美国电话电报公司股票评级，源于他个人青睐该公司所进行的食物链整合，后来，他又极力吹嘘广为人知的电子邮件业务。据传，该股评级之所以上调，与他双胞胎孩子想进入一家令人垂涎的私人幼儿园有关，桑迪·威尔给他说了情，之后，花旗集团首席执行官也说了情，在他要求下，花旗集团向该学校捐赠了 100 万美元。这种事情只会出现在曼哈顿，格鲁曼最后支付了1 500万美元罚金，被终身禁止进入证券业，但是，由于没有受到刑事指控，他离职时带走了3 200万美元遣散费。

美林公司也有几个人出现了类似的利益冲突。一名科技股分析师异乎寻常地坚持终止与泰科(Tyco)的关系，这家公司位于他所研究的公司之列。他送给首席执行官丹尼斯·科兹洛夫斯基(Dennis Kozlowski，后来，他由于侵占公司 1 亿美元资产被送进了监狱)一整箱价值4 500美元的葡萄酒，并且，向公司财务总监发送了一份自己所撰写的泰科公司报告样本，随附一张字条“敬请尽快审查。我听到您的意见后，才会发送!”，分析师在字条上签名“忠诚的泰科员工!”。亨利·布洛杰特(Henry Blodget)，美林公司科技股分析师，被罚 400 万美元，终生禁入证券业。后来，有家报纸把我称为“布洛杰特终结者”，这时，我倒是把它看成一种称赞。

最终，华尔街 10 大银行巨头勉强接受了斯皮策和证券交易委员会针对他们的行动。除了缴纳个人罚金，10 大银行还支付了 14 亿美元罚金，这被称为“大和解”，旨在解决其分析师所造成的问题。此外，华尔街所有银行在其股票研究部门和投资银行部门之间，必须建立一条所谓的中国长城。这样做非常有利，它削弱了分析师的排名。很多无法独立研究，或者说不愿进行独立研究的分析师都必须另谋职业。

这些调查中，我在参议院银行业委员会前，对华尔街分析师以及他们所面临的冲突进行了做证。我主要关注自身，以及我对近10年来华尔街的争论情况。那些日子，我一次又一次地在听证会上提供证词，其间，《华尔街日报》在显著位置刊登了这些证词。

2002年3月19日，我再次出席做证。参议员保罗·萨班斯(Pawl Sarbanes)，委员会主席，代表我的家乡马里兰州，我估计，他是马里兰大学篮球队的粉丝。我开始举证，说道，我希望马里兰大学队在今年会走得更远，我知道主席也有着同样的想法。(正如我想的那样，几周后，他们赢得了全国冠军，这是该校队历史上唯一一次全国冠军。)之后，我进行看似非常恰当的类比：我说，进行真正客观研究的分析师，就像“在你背后进行单手运球”。

我引用相关数据表明，2002年为公司提供服务，主要是通过投资银行及相关业务，其经纪业务收入是服务于投资者个人业务的4倍。20年前，这个比例大约是1∶1。我说，“那么，到底谁才是真正的客户?”

最后的结论中，我总结了独立分析师在金融系统中所发挥的作用。“我们有世界上最好的资本市场，”我说，“但是不要让我们呈现出曲线下跌态势。它们可以变得更好。”作为一名分析师，我们处于公司利益和投资者利益的交点。我们提供机构记忆，带着怀疑的眼光去研究，挑战企业权威，质疑各种假定，如果事情出现异常就会大声说出来。我们处于对公司负责的第一线。

最后，我对这种经历的感觉好极了，因为，这看起来就像我在为自己多年来所坚持的观点进行辩护——该辩护曾让我付出了金钱、工作以及声誉的代价。听证会有助于奠定《萨班斯—奥克斯利法案》(Sarbanes-Oxley Act)的基础，该法案除了别的事情之外，还要求首席执行官个人签署本公司财务报表，因此，他们无法再以自己对事情一无所知为辩护理由，即使他们离职后，一旦公司出了问题，仍然可以对其指控。我办公桌上有一封参议员萨班斯的来信，感谢我在立法过程中所起到的重要作用。

保诚证券新职务——更不用说，所有拉拉队队长式分析师都被迫离开了证券业——感觉就像是达到了目前为止职业生涯的高点。我坚持自己的原则，终于渡过了困境，然而，我真诚地接纳了这些原则，最终事实证明它们正确无误。

然而，此时，我已经在华尔街工作了很长时间，这种闪光点或许只是暂时的。如果我需要证据，我只能考虑那天早上对参议员萨班斯和银行业委员会其他成员说些什么。我与保诚证券公司一名律师一起出席，当我们走进来的时候，一名瑞士信贷经理人走近他，我之前曾在这家公司工作过，他用一种不祥的语调对律师说，“我们有迈克·梅奥的卷宗。”换句话说，他在暗示我，我应该小心些。他们给我发出明确信号，如果他们不喜欢我在那天的发言，那么他们就准备对我采取行动。

那些内幕人倒下了，但是他们并没有出局。甚至科技股泡沫被刺破后，另一种资产——房地产——又开始膨胀。

第四章　遭受人身攻击

最终,我在保诚证券工作了 6 年时间,迄今为止,这是职业生涯中任职时间最长的一次,但是,形势每况愈下。不久后,我就碰到老麻烦:银行和投资者竭力诋毁我,因为他们不喜欢我所给予的评级。我仍然对银行部门维持负面评级,当时立场很强硬,虽然银行股在上涨。我认为,自己负面评级的背后依据依然有效,但是,价格在相反方向上运行。换句话说,我觉得,从长期来看,自己判断正确,市场上其他股票在短期内出现了错误走势。

花旗银行就是该种情况的缩影。我与该银行有着长期、错综复杂的关系。在这个特殊时期,我是对该银行保持最负面评级的分析师,然而,其股价继续保持升势。这就像"轧空"一样,真是一种极为痛苦的经历。这种感觉就像,潮汐确实到来,并且每分钟,潮水都会涨高一点儿,然而,就在这个时候,你却希望潮汐退去。我自认为,对花旗银行的论点可以站得住脚:该公司遭遇一系列监管和法律问题,这说明其公司战略及公司文化都糟透了——甚至有可能更糟——这可能要留待财政拨款加以解决,只有这样才会解决真正的问题。财政拨款最终会到来。

但是,即使理论正确无误,但市场并不买账。第二年,花旗银行股票继续攀升,从大约 30 美元上涨到 2003 年年中的 45 美元,我对趋势判断错误。我认为,短期来看,问题在于债务市场情况的改善,这意味着,贷款质量情况有可能好转。利率处于历史低点,之后房地产问题会影响花旗银行,并且,几乎所有华尔街银行还没有真正发展。

在此期间,花旗银行一直排挤我——我无法接触其公司的高级经理人员。公司首席财务官以嘲弄性口吻对我说,"迈克,股票在上涨。你必须搞清楚这一点"。在他看来,公司运营的好坏,就好像股价是唯一决定性因素似的。

最终,我不得不咬紧牙关,上调了花旗银行评级。我认为,与最初预期相比,正在改善的债务市场会让该公司保持更好的贷款组合。我也修订了一些数字,并且认为这是一个良机,花旗银行会以压倒性的优势增加其股息分红,有可能达到2位数,这会导致该股再一次大幅上涨,同时,也让我之前的看空观点显得更加脆弱不堪。

我为此论点又找到了一些证据。2003年7月,我在曼哈顿市中心意大利巴爱斯餐厅与投资者共进午餐。吃坚果熏烤鲔鱼排时,我看到花旗银行财务总监走进来。来到我餐桌旁,打了个招呼,之后独自一人坐下来,打开《纽约时报》运动版。4个工作日内,该公司会宣布收益情况,并对股息进行审核。通常情况下,在这段时间内,财务部门会努力把所有事情都完成:检查新闻稿,复核业绩发布会。然而,财务总监就在这儿,悠闲而自信,从容地独自吃午餐,阅读着扬基队的新闻。这就像在扑克牌中露牌——这种行为会表明,其他人拿着什么牌。我猜测,他必定是有好消息。大约1天后,我把其评级从卖出上调到持有,在公司季报发布会上,花旗银行股息增加50%以上,这导致该股股价短期内大幅上涨。这感觉像是一个典型的轧空行为,这次上调评级与补仓有着密切关系(是才怪!)

这段时间内,职业生涯中大部分时间都是如此。部分是因为看空花旗银行,我在保诚证券的排名出现下降。分析师得判断一系列因素,包括客户投票,还有本公司销售人员投票,这些人会把我们的评级传达给客户公司。过去,我在排名上一直做得很不错,但是,2003年第三季度,我在公司内部得分出现显著下降。对于这种情况,老板本着实事求是的态度。"这是一个纯粹的精英领导体制,"他说。换言之,华尔街不相信眼泪。数字就是一切,如果数据表现不好,它根本不管你的理由是否充分合理。

对于我而言,确实有充分理由。继父——他多多少少养育过我——出了严重车祸。2003年4月中旬,他在佛罗里达一家医院给我打电话。当他正要驾车左拐,进入主干道时,另一辆车撞上了他。除了其他伤害外,他的肺部遭遇撞击,因此,他会呼吸困难。这是他最后一次与我谈话。

我马上就飞过去了,到达医院时,他已经被安排到了特护病房,身上插着呼吸管。尽管他意识清醒,但我们只能是在纸条上用文字交流。这天,天气很好,我记得,自己还想带他到外面打一场高尔夫球,就像往常一样。

医院拿给我一个塑料袋,里面放着他的钱包、钥匙、钱,还有一张彩票。我站在他下来的地方,幻想着他会好起来。当我来到他的寓所,高兴地看到,这比任何其他地方都像单身公寓:一张床,烟灰缸中放着一支雪茄。他的枪放在床头柜抽屉里——他睡觉时,总会把这只枪放在触手可及的地方。冰柜里有半瓶高度伏特加,同时,冰箱里还有卡拉马塔橄榄。(他的招牌式饮品是伏特加放入几块冰块,再加上一个橄榄。)这让我微微一笑。医生告诉他,禁止喝酒,禁止抽烟,但是,他总会按照自己的意愿去生活。

卧室中挂着一幅他与妈妈的合影,身着精心挑选的黑色领结外套。另一张照片中,沙滩上写着"迈克和诺玛(Norma)"字迹。母亲和继父觉得,人们总是希望得到幸福伴侣,缺乏爱,就会让大多数人显得微不足道。

1996年,继父出车祸前7年,母亲死于乳腺癌复发,年仅59岁。康复治疗期间,我调整了课业,尽可能在华盛顿陪伴她。事实上,继父和我共同度过了那段时间。甚至,我和他一起去殡仪馆取出骨灰盒。我们对她说,只是出去有点儿小事,但是她一切都明白。顺便说一句,我知道,她在注视着我们离开。有个男人向我们展示了大量的骨灰盒——松木、白杨木、橡木、枫树木、核桃木、樱桃木、桃花心木,每个骨灰盒都有不同的着色,不同的样式。继父说,"这有什么不同?你被埋葬后,没人看得到你。只要给我们一个最便宜的就行了"。这里,那个男人给我看了一个松木盒,继父说,"什么?我埋狗都不会用"。最后,我们买了一个更高档的骨灰盒。

葬礼当天,带我们去殡仪馆的灵车迷了路。继父讨厌问路——迷路时,他经常说"他们把路弄到哪儿了"——我们勉强地及时赶到了葬礼现场。这是一个最大的笑话,我想,她也许会喜欢吧。她死后,有一小段时间,继父完全深陷在痛苦之中,但是,他开始了新的旅程,离开贝塞斯达,抵达佛罗里达州波姆庞帕诺海滩。在那里,他幸福地生活了几年,之后,2003年,他遇到了车祸。

就像以前对待母亲那样，我开始了频繁的旅行，去看望继父，整个东南部行程会停留几站，我有时间时，去拜访投资者和银行经理。这段期间，我在看空花旗银行，我清楚地记得，自己坐在医院特护病房外面的椅子上，盯着财经频道，看到花旗银行上涨 1 美元，又上涨 1 美元……压力巨大，一方面是个人压力，另一方面是专业压力。

车祸几周后，我再去看望继父时，他的病情严重恶化。由于血栓，腿肿胀得厉害，连在便笺上写字都很困难。感染肆意破坏着他的身体。他费力地表示，他想让我去收集他前女友的一些东西，其中包括他的回忆录。我知道，他无法再回到公寓了，这就意味着，我得去整理那个地方。

再次去看望他的时候，他身上带着呼吸器，打了镇静剂，浮肿得几乎不成人形。这似乎本应是一个艰难的决定，但是，事实上并不难。我打电话给妻子，也与两位姐妹进行了沟通，所有人都同意：我们要撤掉生命维持设备。他并不想以这种方式活下去。他曾经给我反复说过好多次。

第二天早上，医生拿走了他的呼吸器。在很多方面，生活与电影不可同日而语，但这次却异常相像。失去了管子，他仍然活着，注射了药物，但是要靠自己呼吸。因此，我独自坐下来等待。我在想，这种经历像是什么，但是，我从未描绘过这种场景。他死的时候，我做的第一件事情，也是自己突然想到的，就是背诵祷词施玛篇，这是犹太教的重要祈祷词。对犹太教徒而言，传统上他们最后一个词就是施玛，因此，我为他背诵祷词。返回纽约，站在寓所前，我把包交给门卫，匆匆忙忙走进附近的犹太教堂，在那里，甚至是晚上 21:00 后，仍然会提供服务。我坐下后不久，犹太教教士领头背诵《哀悼者的祈祷》，祈祷者向亡者表达敬意之情。教士问，是否有人想要人们来为他祈祷，我大声向他喊出了继父的名字。

他与母亲相邻而葬，使用同种类型的骨灰盒——就是前几年他为母亲选的那种。他活了 72 岁，生命中的每一天，都按照自己的意愿生活。在他葬礼上发言时，我重点谈及了这一点。是的，他尝试过了。他开车有点鲁莽，经常喝得酩酊大醉，抽太多的烟，但是，他对此有着充分的认知。他经常说，宁愿与风险同在，也不愿小心翼翼，这样的生活实在是无趣之极。在自己的生活与工作中，我也身体力行这种做法。他做的每件事情——逃离罗马尼亚，在以色列海军服役 10 年，走私黑市物资，从商船上跳船跑到美国，在这里做生意——他就像是小说中的主角一样。我在悼词中说到了这些，并用两个字总结了他的一生：无悔。

但是,那并未让我的工作更顺利。除了花旗银行,不出所料,我其他观点也遭遇到投资者和银行的强烈反对。我在保诚证券首次发布评级时,其中有 9 个卖出评级,我举办了电话会议来讨论自己的研究成果,却收到了有关纽约银行的恶毒评论。我明显感觉到,银行人员在向投资者提供信息,反过来,这些投资者又鹦鹉学舌般复述银行的论点。

在某些罕见的情况下,也会出现面对面的攻击。这是相当不快的经历,但是,至少我是在房间内自卫。一次,与大型机构资金管理公司会谈中,我与该公司内部银行分析师共同出席,他一再威胁我,侮辱我,并且,在我发言时,大声冲我喊叫。我坐在会议桌的末端,他在另一端,两边是他的投资组合经理。对我所提出的每一个论据,他不仅会提出反驳意见,而且还会个人攻击。我说自己做过一份1 000页研究报告,这时,他说,“只是一堆数据垃圾而已。甚至这些工作也不是你做的;是你的助手做的。或许,你根本不知道报告写了些什么”。这次会议太糟糕了,以至于会后,他公司有人给我打了个电话,特意为此事道歉,并表示耻与该人为伍。

在新泽西,又参加了一场会议后,一名职位更高的投资组合经理就我对银行业的观点提出了“建议”。这位老先生把我拉进一间阴暗的房间,就我们俩人。他说,“我在这行很久了,干这行,你得知道什么时候需要改变观点。你不能这么看空银行业”。他的本意或许是作为一位前辈给我些善意的建议,不过,实际上他的话听起来很像是严苛的父亲在教训儿子。他的意思大概是,只要股价在上涨,银行的管理和经营策略好坏都没关系。几年前,科技股泡沫破裂后,这充分说明,为何股价高低可以与公司基本面运营产生偏离,我认为,这种逻辑在本质上就有缺陷。

其他公司限制我接触其高层管理人员。这方面,高盛公司一马当先,在行业里显得有些与众不同。最近,我首次对该公司予以评级,因此,我基本上没有任何可以利用的关系。当我向该公司一位联系人表示,我希望与管理层有更多机会会面时,他告诉我,他们并不是对我另眼相待——他们对所有人都这样。当我再次提出会面要求时，我收到一个信息称，我们需要"谈谈"。

感觉就像一名学生正在被老师训斥，他告诉我，最有效的时间管理是，帮助管理层为公司赚钱，而不是向20来位分析师传授如何研究公司。像我这样的分析师必须要有耐心。然而，我可以接受这些观点——在某种程度上如此——老先生又补充了一点："分析师与高盛管理层会面所考虑的主要因素是，该分析师的身份、影响及其专业知识。"换句话说，老先生接着说，"我们在评价你。"这时，我又一次成为局外人，竭力进入到某些人不想我进入的地方，只是不这样做，我就无法完成自己的工作。高盛公司发给我一封信，上面简洁地写着"不要给我们电话，我们会给你电话"。这一刻，就像我又回到了自己最初找工作时的状态。

我认为，高盛公司的姿态极具讽刺意味——过去10年，在我观点精确无误时，我没有获得允许吗？20世纪90年代后半段，我对银行股反弹行情没有准确预测吗？1999年，我对银行部门走向负面的预测不准确吗？当我认为自己可以确定整个银行业即将走向负面时，我没有冒着职业生涯结束的风险发出警示吗？还有，艾略特·斯皮策和证券交易委员会与众银行设计出"大和解"，之后，在银行继续瘦身时，在这些问题上，我是独善其身的分析师之一，我把客户需要放到第一位，努力用最正确的方法工作。

然而，解决方案中，有很多稀奇古怪的事情：它仅仅惩罚了分析师及其相应公司，理由是他们的行为过于激进。一些公司认为某些分析人士持过分消极的态度，并试图对这些人进行报复——这种做法，无论在过去还是如今都没有受到任何惩处。公司拒绝你与其管理层会面，在盈利报告会上，也无视你提出的问题，还有其他很多类似问题。有时，这些反击可能会更加隐晦和阴险。有些时候，我马上就会明白，权当这是一个无足轻重的小笑话而已。

2004年，我仍在保诚证券，这时，遇到了一个职业生涯中最直接的个人冲突。这是与杰米·戴蒙之间的冲突，今天，他掌管着摩根大通公司，在华尔街是大名鼎鼎的实权派人物。过去，我与戴蒙关系密切。1998年，他离开花旗集团后，我还打电话声援他，并说，在没有高管在场时，可以和我聊聊公司的事情。同样，我被瑞士信贷解雇后，他成了美一银行负责人，他打电话给我，希望我过得更好，甚至提到了有可能会为我找份工作。

尽管存在良好的个人关系，但是，我还是对美一银行给予了负面评级，我的观点是，它将回到 1999 年的水平。该公司在约翰·麦考伊治理下，搞得一团糟，我觉得美一银行留下了太多的事情需要处理。2004 年初，在戴蒙安排下，把公司出售给了摩根大通。对美一银行来讲，这是件极为划算的交易——580 亿美元的售价，对当时公司股价来讲，意味着 10%的溢价率——并且，对戴蒙个人而言，他将成为合并后公司的首席执行官。

但是，该项交易让我颇感为难。我已经对摩根大通公司发出了买入评级，公司并购宣布与执行期间，是一个动荡期，两只股票会出现同向波动。因此，我也把美一银行上调到买入评级。

第二天，我特意早早来到发布会现场，两家公司管理层将在这里正式宣布合并，同时，还会回答相关问题。会场位于曼哈顿中心城区的公正大楼，开会当天，还下起了雪。我不顾风暴天气，向一辆吉卜赛出租车支付了 4 倍车费。该事件成为我银行工作生涯以及美国企业界的一个重要里程碑。戴蒙就像一位退位的君主，重新宣布其天赋神权。尽管他曾是花旗银行预定接班人，但被桑迪·威尔挤走后，只能去经营一家芝加哥小银行，现在他回来了。摩根大通的交易是重大项目，戴蒙重返纽约，成为顶级公司的负责人，与老东家花旗银行面对面竞争。

房间内挤得水泄不通，会议现场有几百名听众——投资者、同事、其他银行管理层、交易商、记者、监管者，还有很多同行。通常情况下，你会在并购发布会上看到报社记者，但这次还有电视台摄影师。规模空前。

简要介绍新公司、发展战略以及盈利预测后，戴蒙开始让人提问。我举手，问了一个问题——我甚至都记不起来当时问了什么问题——只是当我把麦克风递回服务员时，戴蒙冷不丁地对我进行了回击。

“迈克·梅奥，”他说，“自从我来到美一银行，他就说卖出该股……昨晚，他把该股上调到‘买入’评级……其下次报告的题目应该是‘我错了’。”

我完全僵掉了。听众们哄堂大笑。并不是一阵大笑——他们肆无忌惮地大笑不止。我看到左边椅子上的人都笑弯了腰。实际上，大笑只持续了几秒钟，但是，这一刻，时间就像静止了，像是过了几个小时。

我的同事、客户以及采访记者——所有出席会议的人们——都在嘲笑我，好像我是在学校自助餐厅打翻了食物托盘的孩童。

我试图解释，事情并非如此——事实上，我对美一银行判断正确。毕竟，我在该股60美元时发出过卖出评级，目前其股价是45美元(并购交易前)或者说50美元(并购溢价)。但是，麦克风已经不在我手中，因此，我不假思索地对戴蒙大声说，声音几乎盖过了众人的喧嚣声。他回答说，我也在更低的价格发出过卖出评级。换句话说，我并未看到公司股价的反弹。

我本来可以回击说，他公司的上涨与其他大银行是一致的，也就是说，并购之前，他并没能作出任何超预期的事情。或者说，他之所以卖出美一银行，可能就是因为其糟糕的前景所致，这也让他对自己的雄心壮志失去了信心。但是，房间里几乎没人在听我说话——戴蒙拿着麦克风；我却没有——我决定，不再反驳。这种情况就像一句质问者试图去抗议滑稽演员，而所有人都在支持这名演员。

分析师必须处理的难题之一，就是承认错误。如果你仅在45%的时间内是错误的，那么你就是最好的分析师之一。顶级投资者告诉我，求职面试期间，他会向候选求职者提问，他或她如何处理错误。同样地，分析师会观察犯下战略错误的公司如何反应。他们在追逐时尚，还是真正从错误中吸取教训从而变得更好？我对美一银行的观点——1999年，发出过重要评级，当时，我对整个银行业看空——为那些听从意见的客户获得了净回报。然而，我要是在底部发出买入信号，把该股调整到买入评级，那样就会更好。

我必须公开承认错误，几年前，我预测匹兹堡国民银行的并购会被股东投票否决。事实上并没有否决；并购按原计划推进，在研究报告中，我予以承认："我认为股东会否决该项交易。我判断出现错误。"在《华尔街日报》上，我发出了同样的声明，因为第二天我就会踏上欧洲商务行程，所以比较容易地做了承认错误声明；我知道，人们会在《华尔街日报》读到这则声明，但我不必马上见到他们，并对他们进行解释，也知道了整个事件的大概发展情况。作为一名分析师，这是必须经历的痛苦过程，也是学习过程的一部分。

10年后，在公正大楼的房间里，我发现自己遇到了类似情况。杰米·戴蒙站在领奖台上，喜气洋洋。自打进入美一银行，他就为投资者赚了钱，并且，这是他个人的庆祝会。最重要的是，我并不希望自己在这种情况下离开。麦克风已被别人拿走，还有一个机会就是，马上开始下一个提问。什么也不做——继续让这个问题悬而未决——这就像在伤口中留下了一块弹片。我想像得到，在接下来的几个月内，我会长时间地反复思考这一问题：“戴蒙要求你写一篇‘我错了’的报告，你到底写不写？”

我的决定很明确。我挥手向观众再次要过麦克风。把麦克风传递过来的服务人员面带假笑，我把这看成是房间内集体情绪的一种表现。我站起来，说道，“杰米，我是迈克·梅奥。自从你接手美一银行以来，我犯错了”。听众发出一阵嘈杂声，像是失望地叹了一口气，之后，一片静寂。服务人员把麦克风传到另一个人手里，来问下一个问题，会议继续。我稳稳地坐在座位上，直视前方，没有看任何人或任何物。无疑，这是我职业生涯中最丢脸的时刻。

接下来的几年里，每当我回想起这件事情时，常常会不寒而栗，想到，可能自己做了正确的事情，但是，也多多少少有点形势所迫。之后，过了 2 年，又碰到另一次攻击。那时，戴蒙在摩根大通公司首席执行官职位上业已根深蒂固，这是世界上最大的银行之一，资产超过万亿美元。2006 年 1 月末，在花旗集团金融服务会议上，他担任主讲嘉宾。

情形极为类似，出席大会的有几百名听众，其中包括我最重要的客户。大会只是针对投资者，并不针对分析师，因此我并没在现场。戴蒙上台后，开始演讲，说道，“今天早晨，有人递给我一份迈克·梅奥的分析报告，我相信，他把摩根大通和美一银行放在其卖出榜单上，大约有 10 年或 15 年了吧，就在今天早晨，他把我们放到了买入名单。因此，我打电话给他。我说，‘你知道，首先来讲，我希望看到你判断对了……在这么长时间内，你都判断失误，我希望你把我们放到买入名单是一个吉兆。’”

我在摩根大通银行网站上看到会议回放时，感到既震惊又愤怒，接下来的几个小时内，我在办公室内一边踱步，一边思考回击的最佳方案。我打电话到美联储、证券交易委员会，直接找参议员萨班斯本人！我还想把该公司从研究名单上去掉，并把这个建议提交给了保诚证券老板。他说，如果戴蒙摆脱了我，他会很高兴，同时，我也是因客观分析才在圈内树立了名声。之后，我想，自己应该向那些与摩根大通公司有关系的投资者解释，借此扭转这种不利形势。但是，这种做法显得很懦弱——相当于是向爸爸求情。毕竟，这种情况也给我了纠正两年前尴尬境遇的机会，但是，关键的一点并不相同。

戴蒙批评了我所有关于美一银行和摩根大通银行的评级记录——并不仅仅是在他到美一银行之后这段时间——从更长期的角度来看，我对两家公司的评级在大部分时间内是正确的。与老板及法务团队商讨了一天半之后，我们起草了一份研究纪要，准备向那些支持戴蒙的客户和报社发布。部分原文如下：

演讲者经常会这样，首席执行官阁下用一个玩笑开启了他的讲话……纯粹是寻我开心。卖方分析师若是经不起开玩笑，就不会具有持久生命力，因为我们每次评级变动都会留有永久性记录。从事后获利情况来看，部分评级变动很有趣。大部分玩笑都是“断章取义”来说明某个问题，戴蒙先生也毫不例外。对他的幽默方式以及对我们的工作不熟悉的人，或许无法辨别玩笑的有关背景……

往年，我对美一银行和摩根大通银行做过很多评级，事实上，1994～1998年，我对美一银行发出买入评级，当时其股价几乎翻了3倍，2001年中期到2002年中期，我对摩根大通银行发出卖出评级，其股价下跌约1/3。

第二天早晨，《金融时报》对我的报告——还有相关数字——在第二版首页进行了报道。报道描述了，如果分析师发表了公司所不喜欢的言论时，他们所面临的压力。过了几天，道—琼斯通讯社转载了该报道。那天早晨，我收到几封电子邮件，投资者对我说“加油”。

上午9:45，我正要从公园大道的出租车内出来，去和贝尔斯登负责人杰米·凯恩(Jimmy Cayne)会晤，这时，手机响了。是秘书给我的电话，令人震惊的消息是，杰米·戴蒙等着与我通话。她给我接通了戴蒙办公室的电话，他说，自己的评论并不想伤害任何人，那番话也是出于对我的尊敬，只是个玩笑，仅此而已。

我说，“或许你认为这是一个玩笑，”镇定了一下后，“但这对我几百位最重要的投资者会造成一种感觉，我是个失败的选股人，这如何来纠正?”之后，我问道，他是否可以在一些公开论坛上澄清真相，并和我碰头，讨论一下当前摩根大通的发展前景。

他回复说,会和我碰面,并说他赞同《金融时报》的文章,这与事实有较大出入,之后,挂了电话。

当然,在与贝尔斯登会谈过程中,也谈到了这个问题。凯恩抽了口雪茄,吐出一口烟,问我说,“杰米·戴蒙这是怎么了?每个人都在谈论这件事。”我告诉他事情的原由,并问道,在相同的情形下,他会怎么做。贝尔斯登的企业文化极为杂乱,从他的回答中就可以看出端倪。“我会让他付出代价,起诉他,羞辱他,”凯恩如是说,“一个男人攻击你,他就是错误的,事实也对他不利……我对《圣经》有所了解,当你公开侮辱一个男人时……”他的声音越来越低,我理解他的含义——在那种情况下,任何事情都可能发生。

我从不会诉诸于《旧约》中的复仇思想。大约1个小时后,我接到道-琼斯通讯社记者的电话,正是他对这件事进行了报道,他说,他听说戴蒙私下给我电话道歉了。我开始还有点莫名其妙——他从未真正地道歉——但是,后来,我明白了。他做了件再好不过的事情,现在,摩根大通放出话来。戴蒙做了我两年前所做的事情。他现在形势不妙,处于一种不安的境地,因此,他想迅速结束这件事情。

最终,我勇敢地面对了华尔街这位最具有权势的人物,维护了自己的尊严,并且,声誉完好无损。戴蒙同意与我会面,从那以后,我们一直保持着专业上的往来。

事件结束后,我收到一封电子邮件,是我之前从未谋面的一个人发过来的。他说,“你的行为坚强有力,并且非常具有绅士风度。”尽管我不认识此人,但是他的话令人极为喜悦,这正是我所渴望的结果。

第五章　危 机

几年后,保诚证券的财务状况开始变得很不稳定。公司想在纯研究与纯交易基础上构建商业模式——没有投资银行,没有搅混水的利益之争。这也意味着无法从这些部门取得任何费用,没有这种收入,运营很难达到收支平衡,很少有美国机构研究公司能够这样取得成功。最初几年,2001～2003 年,一切都令人难以置信。我们有数千名零售经纪人,为个人投资者服务,除此之外,还有一支机构销售队伍,负责处理重要的公司交易。但是,保诚证券并没有这样运营的传统或文化。最终,公司出售了散户经纪业务,这意味着,突然之间,分析师们所做的研究成果变得只有少数几条传播路径,并且,获得收入的渠道也只有几个。

我开始到处寻找新职位。不久之后,保诚证券首席执行官——并非是证券业务部门,而是整个公司——到我们部门谈话。那时,我们只是公司里很小的部门,并且会越来越小。我非常关心公司对我们的业务承诺,因此,我向首席执行官问了一个问题,对我来说,该问题看起来也很通情达理:他愿意向证券业务投入更多资金吗?一些证券业务部门经理认为,这个问题充满敌意,不太友善,我为此付出了代价,发奖金那天,数额大大低于公司之前给自己的预期。

我走马灯似的参加面试——不是因为奖金,更多的是因为,我关心团队成员那愈发黯淡的前景。2007 年春,我带团队到了德意志银行,3 个月后,母公司永久性地关停了证券业务。《华尔街日报》就该事件撰写了一篇报道,配制了一幅跨期数十年的时间表,其实,这是我们部门制作的。关闭之前,“迈克 · 梅奥辞职了”成为最后一项公告。

德意志银行位于曼哈顿市中心，距离保诚证券仅有几个街区。事实上，它是唯一一家真正位于华尔街的“华尔街”银行巨头。与之前工作变动一样，多数团队成员仍然跟着我，有些人跟随我工作几乎达 10 年之久。新公司有着更为严格的着装要求，因此，较低级别的员工必须购买几套服装。过去几年，德意志银行一直没有银行分析师，我们渴望旗开得胜。2007 年 4 月 25 日，第一份公司报告出炉了，这距我们开始工作还不到 1 个月，确切地说，对传统的美国银行，本报告中没有一家给予买入评级，只有 16 家卖出或维持评级。

我们可以利用公司那些优质资源。德意志银行有很多固定收益部门，远远超过了其他银行，很多研究专家和经济学家为其业务提供支持。很多人并不知道这一点，但是，债券市场的量级要大于股票市场——其规模极为庞大，并且在很多重要方面，它可以推动国家及全球经济发展。上班第二天，我走到楼上，向德意志银行首席经济学家皮特·胡伯(Peter Hooper)进行自我介绍，他是美联储首席经济学家，在这个职位上很多年了。他富有洞察力，与格林斯潘维持着非常紧密的关系，然而，他也极为务实。

尽管我们并不需要这些资源，因为自大萧条以来，无论是在银行业，还是就整个美国经济而言，这场金融危机中，德意志银行受创最大最严重。这场危机激发了人们的许多反思，包括监管者、政治家、评级机构、房产业主，以及投资者。但是，我并不确信，危机是否在银行业激发了足够的反思。本质问题是：为什么会发生这种事情？

答案就是，尽管有人知道这些事情是不对的——1999 年以来，与我持相同意见的人一直在抨击此事——但是，精确地判断危机如何以及何时全面爆发，是件极为困难的事情。危机出现前，如果我要把股票研究报告用来发行对冲基金，并且该对冲基金真正按照我对银行业的观点进行股票买卖，那么，我会让投资者赚到大笔金钱，但是，我也有可能会出现好几次彻底失败。

问题并不在于我在推理上的一些缺陷。对于银行问题，我是正确的——在房地产上及裙带资本主义上巨额押注，还有荒谬可笑的过度薪酬问题，银行奖励承担大量风险的银行高管，并不对其所犯下的错误进行惩罚。问题是，我的观点提出太早了。对于类似情况，华尔街有一种说法：在你的预言成真之前，市场会保持更长时间的非理性繁荣。如同所有非理性市场一样，假如一切正常的话，你也可能会挣到钱。事实上，所有事情暂时看起来很平静，其中原因往往事后才会显现出来。首先,21 世纪初,很多人的信用分数实际上在上升。为什么?非正常状态的低利率已经维持了很长时间,大量房产业主进行再融资抵押贷款。2000～2007 年,超过一半的次级抵押贷款,其所谓的现金不足以再融资,这包括用更便宜的新债务来偿还现有债务。利率下调使得贷款人可以通过降低月供而增加收入,房价上涨让他们可以靠其房屋借入更多的钱,从而获得更多利益。

这段时间内,仅有 1/3 的按揭贷款用于购房。人们用这些钱做各种事情——重新装修厨房,外出度假,购买汽车。一些人用这笔钱偿还信用卡账单,但是,这里面大部分是个人可自由支配开支。再融资允许他们用现金购买自己想要的东西,而不是用信用卡,也不是让他们去借贷远高于按揭贷款利率的消费贷款。你可以获得免税 5%利率的房贷时,为什么用利率为 8%的汽车贷款?债务会令人产生错觉,因为它产生一种你有更多钱的假相,实际上你并没有那么多钱,但是,在这种情况下,也令个人信用分数失去了作用。

这种情况意味着,人们在对一个赌注加码,那就是房价不会下跌。自大萧条以来,房地产市场从未出现全国性的衰退,人们预计,这会是一个始终得以维持的先例,因为那些能记起全国房价下跌的人,没有几个人活着了。整体上对房屋的负债越来越多,即使支付变得越来越少,抵押贷款也难免会出现问题。2010 年,杰米·戴蒙概括了该行业的问题:“我们从未想到房价会下跌。”

金融危机前,令人困惑的第二个因素是,2005 年末,重新修订了国家破产法律。新规则更加严格,对于破产人来说,这让其更难从债务困境中全身而退。在事态发展到这一步的前几个月,甚至每个在考虑破产的人都认为,规则对他们仍然有利的时候,应该马上申请破产。他们要跑在时间的前面。这起到了出清效果——2005 年末,很多人申请个人破产,而在 2006 年的一段时期内,只有极低的破产申请率。甚至在 1 年后,该数字开始回升,但其前景仍不甚清晰。进入 2007 年,我们很难说清楚,破产数量增长了多少,以及还有多少贷款出现了闪烁的红色危险信号。

这段时期,第三个重要因素是银行利润不断刷新纪录。2006 年及 2007 年上半年,美国银行整体季度利润约为 360 亿美元,远远超过 2001～2005 年平均季度利润 260 亿美元的水平,几乎是之前 10 年均值的 2 倍。与此同时,银行“贷款损失”——它们必须注销坏账的数额——几乎接近历史低点。没有贷款损失似乎向很多人表明,房地产市场上的任何问题,都会限制在次级贷款范围之内。

那时候，大多数银行分析师，包括我在内，并不认为次级债会是华尔街的重要影响因素。我们知道次级债，但不知道它在银行系统中占据了多么大的规模。

大量抵押贷款“发行人”，像美国国家金融服务公司(Countrywide)、新世纪金融公司(New Century)以及长滩公司(Long Beach)，都参与次级债的发行和运作——没有一家是我的研究对象，并且这些公司都破产消失了——它们向信誉不佳的借款者发放贷款。这些公司的发展突飞猛进，他们劝说那些无法按时偿付贷款的人来贷款，从而取得巨额费用，在借贷合同一纸未干之前，又把这些贷款在市场上抛售出去。这是美国金融系统的黑暗死角，并且，我认为，它们与华尔街毫无关系。美国银行巨头买入这些黑幕操作所创造出来的贷款，把这些债务打包成抵押贷款支持证券，迅速在市场上抛售给消息不灵通的机构投资者，比如像欧洲保险公司。至少，思路就是这样的。我只是没有想到，有很长一段时间内，银行真的持有这些有毒债务，一直保留到债务问题严重地爆发出来。当时，普遍观点认为，银行是“流动业务，而不是存储业务”。更为糟糕的是，银行把这些有毒债务放到了资产负债表中很难发现的角落里，就像投资银行的资产与承诺交易一样。一点儿都不透明，有时，甚至银行高级管理者也不知道。

然而，美国次级贷款仅约占所有抵押贷款总量的10%，我们与银行都不了解的是，一旦次级贷款人失去了所有，被市场淘汰，那么，影响将极其深远。当人们不愿意偿付借款时，会倾向于不顾一切地把钱花光，在房地产市场上，这是一种必然的情形。次级贷款人愿意抬高房价，因为他们假定自己既可以抛售房屋获利，又可以在未来某一时刻用更便宜的贷款再融资。

在2007年中期，问题开始显现。房价飞涨的市场，如亚利桑那州、加利福尼亚州、佛罗里达州，现在上涨停止了，很多次级贷款人无法偿还贷款。同年6月，贝尔斯登宣布，由于次级债损失以及投资者赎回原因，它向其两只内部对冲基金承诺32亿美元贷款。1个月后，公司告知投资者，该基金对投资者来说只有“微不足道的价值”，或者说“没有实质价值”，到了8月，两只基金申请破产；其1/3的财产被冻结。

大型评级机构——穆迪和标普，曾兴高采烈地对这些抵押支持证券及相关产品进行评级[诸如债务抵押债券(CDOs)，它是风险被分割为若干更小风险的基金产品]——开始看到，构成这些产品的抵押贷款违约率出现上升。2007年年中，它们下调了很多相关产品的评级，取消了投资级别评级——其中包括一些它们在2个月前所做出最初评估的证券。这意味着,像养老基金和保险公司这些机构投资者,不能再持有这些证券,更别提买入这种新证券了,因为它们只能买入投资级证券。

随后的几个月,突然间,所有人都在抛售这种垃圾债券,没人买入,新交易通道完全堵塞。尽管信息还没有出来,但是那些对巨额抵押贷款支持债券进行证券化的银行,被迫持有这些价值数百亿美元的债券及其按揭贷款。这段时期,就像威利·E.凯欧提(Wile E. Coyote)从岩壁夹缝中逃跑一样,尽管岩壁还未倒下来,但是只是时间问题罢了。

对我来说,真正危机出现在2007年10月11日晚上。在麦迪逊广场花园,我和儿子正在观看纽约尼克斯队对马卡比队的季前表演赛,马卡比队是一只来自特拉维夫的职业篮球队。这是一场年度盛事,对很多纽约犹太人来说,这是件大事。人们唱起了以色列国歌《希望之歌》。甚至像我这样的犹太教改良派,这也是一种重要体验。

上半场快结束的时候,我接到了《纽约时报》记者的电话。他说:"你想看关于花旗银行的材料吗?"事实上,我被篮球赛吸引住了,也很享受与儿子共度的美好时光,那天晚上,没有检查带没带黑莓手机,因此,我并不确定他在说什么。该名记者告诉我,花旗集团首席执行官查克·普林斯(Chuck Prince)对公司进行了再次重组,合并了一些业务,辞退了一些高管。"普林斯自己呢?"我问道。我想,如果他离开花旗集团,这会是一个好消息。如果没有离开,该公司的问题还是得不到解决,无论他辞退谁,都没有用。记者说没有,普林斯仍然在位。

这太不像话了。起初,查克·普林斯就不应该做花旗集团的一把手。他曾担任了20年法律总顾问,只在运营职位上做了很短一段时间。大多数首席执行官是要通过成功运营,增加业务规模,扩大业务范围,一步一步晋升上来,普林斯经历完全大相径庭。他之所以得到这份工作,似乎主要是因为他是前任首席执行官桑迪·威尔的知己和值得依赖的助手,也曾帮助公司度过多次监管危机。我向投资者提及查克·普林斯时,他们都会说:"噢,律师。"

2003年10月，他开始担任首席执行官，甚至在早期，他的言论就自相矛盾。他强调，公司需要更好的管制，同时，也追求积极的增长——两个目标截然相反。任职1年，花旗集团没有达到预期目标。费用增长速度开始超过收入增长，花旗集团撤回了之前制定的目标，并且有几名经理离开了。2年间，花旗集团股票横盘波动，而银行类股票指数增长了44%。进入2007年，普林斯说，这是"没有任何借口的一年"，但是，在利润、股价方面，公司继续表现不佳，你看到的只是某些衡量指标而已。

工作似乎给普林斯生理带来了一定的压力——当我亲眼看到他本人时，他看起来疲惫而憔悴。2007年6月，他在《金融时报》上发表了一个臭名昭著的观点，为何公司仍要为杠杆收购提供信贷。"当音乐（也就是流动性）停止时，事情会变得更复杂，"他说，"但是，只要音乐在继续，你就必须跳舞。我们仍在跳舞。"

他似乎是说，他知道这些贷款存在风险，但是，不得不继续借贷，只是因为其他所有人都会这样做。2010年，在金融危机调查委员会召开听证会期间，普林斯试图解释，自己是在什么情况下才说这些话的，他说，自己知道宽松信贷存在问题，但是，他必须保持宽松标准，目的是为了吸引杠杆收购交易撮合者。他还对那些对此大吃一惊的委员会成员说，他甚至要求更为严格的监管。换句话说，他曾要求政府迫使公司做正确的事情，就像瘾君子希望被抓住，强迫自己进入康复中心一样。

然而，经过4年糟糕表现后，普林斯仍身居花旗集团一把手位置，我坐在麦迪逊广场花园位置上，观看纽约尼克斯队给予以色列队迎头痛击。我一挂断电话，就马上登上飞机。实际上，我的一名高级职员汤姆（Tom）仍在办公室，因此，我打电话给他，让他马上开始撰写与此消息有关的报告。中场休息时，我和儿子离开了球场。以色列球队则必须等待下半场球赛。大约21:30，我们回到家里，马上来到家庭办公室着手工作，通过电话与汤姆协调工作计划。

事情变得更加糟糕。那天晚上大约23:00，在线新闻开始报道管理层大换血，报道援引花旗执行委员会主席罗伯特·鲁宾（Robert Rubin）的话，他曾在克林顿政府出任财政部长。鲁宾称赞了普林斯，他说，普林斯会在"未来数年"内留任。我敢肯定，他想把这番话作为提振市场对首席执行官以及整体公司信心的一种手段——毕竟，这是鲍勃·鲁宾（Bob Rubin）！——但是，在我看来，它会产生相反的效果。我认为，他公开支持普林斯，可以实现下面两件事情中的一件：

要么完全不顾及公司股东,要么表明鲁宾是认真的,近乎于病态,不再管那些困扰花旗集团的问题。对于这两个选择,我不确定哪一个更糟。

在鲁宾声明之前,我准备把该股从买入评级下调到持有评级,但是,看到这个声明后,径直下调到了卖出评级。这种情况极其罕见——就像时速 60 英里,突然踩住刹车,使汽车迅速调头——但是,这种事情我见多了。普林斯和其他管理者没有完成目标,不管怎么说,他们的目标都是错误的。我完成了自己的工作。

那天晚上,我大概只睡了 2 个小时,汤姆则彻夜未眠。他在办公室里一直待了 36 个小时,尽管他的公寓与办公室只有一条街的距离。大约午夜时分,我们完成了报告,但是,因为这是一个有争议的观点,德意志银行坚决要求,我们要得到管理层批准,其中包括德国高管。该报告来来回回几次横跨大西洋之后,最终,我们在几个关键点上进行了精减,但是,总体结论维持不变,当天早晨,第一件事情就是发布该报告。

那天,是我 4 年来第一次走进全国广播公司财经频道,对报告观点进行解释,我说,我们对花旗集团极为关注,发现它既缺乏执行计划,又缺乏公司治理。我又说,普林斯把 2007 年称为“没有借口的一年”,对我们来说,这看起来更像“没有反响的一年”。(事实上,甚至在金融危机之后,花旗集团似乎仍在继续这个主题。)我说,应该解雇普林斯,又补充到,鲁宾——全国广播公司财经频道评论员称之为“美国金融管理界的神秘人物”——是不负责任的,因为,并不能证明他在花旗集团的巨额薪水的合理性,在 10 年所获得薪酬共计 1 亿美元。我说:“我们并没有从与罗伯特·鲁宾交谈过的投资者那里收到过信件。”

这几近亵渎。鲁宾确实是传奇式人物。20 世纪 60 年代,他还是一名少年,也不知道是谁开启了其华尔街职业生涯,后来逐步升任高盛联合总裁。之后,1995～1999 年,出任克林顿政府财政部长,任职期间,为缓和紧张的墨西哥金融危机提供了帮助,同时,负责监管美国经济这段史无前例的稳定增长。他称得上是一名极为罕见的人物,在私人公司和公共部门的高层都取得过巨大成功。但是,在花旗集团,他有点像一名不承担任何运营责任的幕后操纵者。

信用等级下调几天后,花旗宣布其第三季度盈利状况,确实非常可怕:盈利下降 60%,很大程度上,是由于减记次级抵押贷款支持的证券,以及与杠杆收购相关的企业贷款。音乐停止了;花旗不再跳舞。普林斯没有对盈利目标做出任何贡献,他为这种结局贴上“极其惊讶”的标签。在问答环节,我直率地问道,他是否应该继续保留他的职位:“你们说,结果令人非常失望。那么,董事局层面会有什么样的反应?”普林斯回避了这个问题,报纸竟然报道了我与他的这次交流,我发现报道有点儿令人迷惑。我只是表达了其他人对此的想法而已。

几天后,普林斯辞职,带走了 3 800 万美元遣散费。其中包括让他保留2 800万美元的限制性薪酬,也即是此前宣布却尚未支付的奖金——再加上 2007 年1 000万美元奖金。考虑到花旗集团需要马上辞掉普林斯,让他保留限制性薪酬也有些道理,即使这似乎会令人反感。然而,为他 2007 年发出1 000万美元奖金,该年度,他似乎是因为管理不善才被迫离开公司,这很不体面。总体而言,普林斯在其出任花旗首席执行官期间,共计获得11 000万美元薪酬。

这是为何华尔街事情不会出现改变的关键原因之一。那些让我们陷入金融危机的人物们,几乎没有一个人会因其不当行为而受到惩罚。大多数情况下,他们会得到奖赏。他们失去的只是头衔与责任,但是在其被扫地出门时,还可以得到高达 8 位数的巨额遣散费。

我把花旗集团股票下调到卖出评级时,其股价每股 48 美元,但是,2 个月后,跌到了 30 美元下方。并且,股价还在继续下滑,一路跌向个位数,随后几年内,该股股性极不活跃。(最终,该公司逆向拆股,每 10 股合并成 1 股,这令看起来极为糟糕的每股 4 美元,变成了每股 40 美元。)2007 年末,花旗集团所出现的问题,也开始在其他公司陆续出现。

在花旗集团下调评级后几周内,我与斯坦 · 奥尼尔(Stan O' Neal)进行了类似的交流,后来,他成为美林首席执行官。该公司宣布了 2007 年第三季度数据,数据令人相当震惊,因为公司拥有大量有毒证券资产,几乎所有这些资产都是由高风险抵押贷款支持的。结果,该公司实际在那个季度出现了亏损。让问题更加复杂化的是,美林以往的信息披露也有迹象表明,公司业务出现下滑。年初,2007 年 4 月,公司发布信息说,第一季度财务显示,之前 15 个月,公司美国次级抵押贷款业务对其总收入的贡献不到 1%。这就是次级债的暗角(dark-corner)

理论——是的，材料本身是不好，但是，我们并未持有太多该种资产。这种逻辑的缺陷是，美林在谈论收入，我们需要知道公司所面临的风险。这就像是在说“我们在出售危险品中并没有赚到太多钱”，却对自己的仓库堆满了危险品只字未提。

评级变动期间，这个简单的问题可能是：“你公司由次债证券所引发的风险总量是多大?”对每一名研究该公司的分析师，包括我自己在内，全部对此不了解。但是，10 月来临时，公司事先宣布了 45 亿美元的亏损，不料，仅仅在 3 周后，该数值竟然增长到了 80 亿美元，我对这种事情已经见怪不怪了。

公司财务状况极其复杂，我知道，外部人根本无法估算出真正的风险，也无法确定这些财务数字意味着什么。那么，为什么不问问经营公司的人呢？这次，我直接找到了首席执行官。这是我过去几年所吸取的教训——对这些事情，如果你向非核心管理层的人提问，一旦回答错误，高层管理者就会把这个人从公司开除。他们会说，“他根本不知道自己在说什么”。“我们没有错。错的是他。”但是，当你问首席执行官这个问题时，他就会无处遁形。除此之外，谁还会比公司首席执行官更了解这些信息呢？谁才是最终负责人呢？

因此，2007 年 10 月，我终于就此事进行了问询，我直率地问斯坦·奥尼尔，他如何看待公司现状。“斯坦，”我说，“另一只靴子还没有落地，而在(糟糕的证券)上产生了更多资产减记，你觉得舒服吗?”奥尼尔做了否定答复，他认为，一切都很好——但是，他错了。这些资产价值仍在下跌，尽管奥尼尔拒绝披露公司的整体风险，我们中的很多人相信，他无法再掌控局势。6 天后，2007 年 10 月 30 日，奥尼尔被美林董事会解雇了。

在这之后，我树立了首席执行官杀手的名声。用谷歌搜索我的名字，会出现关于斯坦·奥尼尔的报道。我并非故意想让他离职。相反，我真的只是想知道，美林的损失到底到了什么程度，并且，我相信，他回答问题时，确实不知道。然而，华尔街的形势开始迅速恶化了。随着银行巨头的新信息不断披露，整个行业看起来更加糟糕。

尽管，有些银行坦率地承认了这一事实。每年秋季，银行业都会在波士顿举办大型会议，2007 年 11 月，活动如期举办，摩根大通和富国银行这两家银行承认，在其银行账户中，有一些具有更高风险的房地产相关贷款。早在当年年初，两家银行就收到了大量代理房屋净值贷款，这些贷款是他们买入的，而不是自己发放的。他们承认，这些贷款的质量极为可疑；其实，考虑到有些贷款人从未还过一次款的情况，该贷款从签发的那天，风险似乎就很明显。

我和自己的团队仍在试图估算，这些银行可能会真正面临的贷款质量问题，但是，我们知道，2000～2010年中期，摩根大通和富国银行对自己的增长战略都相当保守。两家银行都没有购买“发起行”，这包括粗放式经营的银行，它们通过巨额贷款获取费用，往往会产生次级贷款。相反，雷曼兄弟发现了这些费用——以及证券抵押贷款打包的流通管道，这对它产生了巨大吸引力，2004年，它购入了自己的发起行。这类似于海鲜店做出决策，不再进行鱼类批发，而宁愿购买一艘船，自己去捕捞。美林、摩根士丹利、贝尔斯登，都跟风行事，买入了自己的发起行。

但是，如果像摩根大通和富国银行这样相对谨慎、管理完善的银行都在受到感染，其他银行就有可能存在更大问题，然而，他们都不愿意谈论这些事情。现在面临的挑战是，如何估算这些问题带来的损失额度。如果时光倒流，你可以回到从前，会看到，一般情况下，房屋净值贷款损失率平均为0.3%，之前高点——最差的情况下——1993年是0.48%。这是指某个特定季度，意味着，银行每贷出100美元，大约损失0.5美元。

金融危机期间，我的团队开始组建模型，模型说明，即使你把该数值加倍，也就是说，它是史上最坏时期的2倍，损失设定为1%，你仍会安然无恙。除了最终损失超过3%的情况。对一名银行业外部人士来讲，该数字看起来似乎并不是特别高，但是，这已经打破了纪录：大约是之前高点的6倍。可以这样考虑一下——一个棒球大联盟赛季中，击球手跑垒得分纪录是191。如果有人遇到极好的赛季，有一天他可能会打破该纪录。20世纪30年代以来，这个纪录一直在保持着。有人或许会击打195个跑垒得分，甚至突破200分。但是，认为有人会击打出超过1 200分的想法，基本上不现实。但这就是金融危机中所发生的事情。

为什么整个时期的挑战，并不仅仅是看到事情出了差错这么简单，这就是原因所在。我们要知道是如何犯错的。我是银行业的局外人——很多人认为一切都还不错，我知道事实并非如此——但是，我不知道真正糟糕到了什么地步。并且，一旦事情开始转变，我就要努力跟上事态发展的步伐。即使像我这样愤世嫉俗的人，业已预期到银行最糟糕的行为，但是在真相大白之时，也被深深震惊了。

查克·普林斯和斯坦·奥尼尔被炒鱿鱼后不久,2007年11月,我再次到全国广播公司财经频道表示了自己的担忧。我说,金融危机总成本可能会达到4 000亿美元,该数字远远高于其他人的估计——并且,事实证明还是太低估这个数字了。

这个数字,我不只是计算了银行业的损失,还有金融系统内的其他损失,包括按揭贷款和相关证券。这是项艰巨繁复的工作,为了找这些数据,几周来,团队成员们每天都在办公室里工作到深夜。即使这样,4 000亿美元也是一种估计,但是,我认为,相比完全错误的估计或者等待澄清情况,这种不完美的估计更好一些。至少,我可以谈论自己的立场,在股票市场——大多数华尔街银行的股票——还没有反映出这些问题的时候,帮助投资者回笼资金。

我还提出,银行业必须说清楚,银行资产中到底有多少按揭和其他资产出了问题,并且,我认为,到目前为止,“一切都好”的说辞,就类似于银行和储蓄机构在存贷款危机时期对自己所作所为的否认。过去8年,我一直在提示人们,小心即将爆发的风暴,如今,我站在山巅呐喊,告诫人们,现在是时候采取措施保护自己了。

我把所有钱都花在了吃喝上,卖出了个人投资组合中的所有股票,把资产全部变现。这种动作显得很保守,不够正统,以致银行跟我联系,问我是否确定真的准备这样做。

这些关键性观点肯定会引发一些关注,其中有些是有利的。然而,大多数人认为我杞人忧天,只有几个认同我的想法。大约在2007年末这段时间,一名德意志银行销售代表告诉我,她的一位客户,当时默默无名的小对冲基金,名叫保尔森公司(Paulsow & Co.),想约我见面。她反复给我电话,每次,我都对她说,没有时间同这人会面。最后,她说,“这是他生日想得到的礼物。”我会见了约翰·保尔森(John Paulson),这家基金公司的经理,向他说了我对银行业的想法。我们进行了一次愉快的讨论,虽然他令人印象深刻,但是我没有想太多。

几周后,他直接给我打电话说,他想聘请我。我一直是站在卖方的股票分析师,从来没有为对冲基金或资金经理工作过,也无法确定自己现在是否想做这样的工作。“回报非常优厚,”他轻描淡写地说。不过,我决定坚持到底。身处银行业大危机的漩涡中,我觉得自己在做很有价值的工作。保尔森很快便会富有得令人几乎无法想像——2007 年,由于他看空抵押贷款支持证券,进行了有利操作,为个人赚 37 亿美元财富,同时,为公司赚得 150 亿美元。如果我接受了那份工作,生活就会在很多方面出现变化,但是我对这个决定并不后悔。

然而,我的呼吁所引来的部分关注,并不是很积极,甚至在我公司内也是如此。德意志银行的老板们告诫我,应该尽量避免在媒体面前发表关于银行业的强硬负面评论。我想,这与我过去遇到的机构阻力是一样的,但是,那之后不久,我被叫到上层办公楼,与德意志银行风险管理负责人开会,之前我从未到过这里。他告诉我,德意志银行不希望在持有一些空头头寸时,让公众认为,他们在公开看空美国银行业。

当时,我根本没弄明白他的意思,也没把两者联系起来,直到后来,有消息披露,在金融危机期间,德意志银行通过一笔看空抵押贷款支持证券的自营交易,大赚 15 亿美元。最终在危机中该行损失总计 45 亿美元,但损失额远低于多数大型银行,这就要部分归功于其看空美国房地产市场的操作。当时,我的理解是,我正处在一个沉默的死角。德意志银行不会干涉我对银行业的分析——我仍然可以根据自己的意见对银行评级,并且,在研究报告中,也仍具有很大的自由度,可以说任何自己想说的话——不过,在媒体出现的场合,就禁止我对这一问题进行公开讨论。

几个月前,我敲响了警钟,在解雇 2 名银行首席执行官事件上发挥了重要作用,让很多人意识到,危机在迅速蔓延,并且,成为全国广播公司财经频道和另外一些媒体的信息提供者,提到了快速变化银行业的命运。然而,现在我再次被关进了小黑屋。这很重要。银行及其那些两耳不闻窗外事的管理层,会注意到像我这样的分析师所提出的批评,但只是点到为止。与任由这些批评声音进入到新闻中相比,在此之前,他们可以对信息进行更多控制。我不能再与金融圈外围的人、乃至投资者谈话,而是只能同作为客户的机构投资者交流,这导致的结果是,银行可以更轻而易举地淡化它们的问题。我丝毫不怀疑,如果更早一些真正披露高风险抵押贷款的话,这场金融危机会大大减轻——包括持续时间和严重程度。

第六章　漩 涡

2007 年后期及 2008 年年初，我在努力紧跟银行业步伐。我开始在午夜频繁地醒来，这时，我要关注海外股票走势，或者是草草记下一些观点和想法，然后再回去睡觉，但往往无法入睡。我加大了日常锻炼力度，甚至承认，某些早晨锻炼都开始变得可笑。但这是一种释放压力的主要途径。我一次做 100 个俯卧撑，之后，一口气做到 200 个。一直做到自己的脖颈出了问题，之后，不得不进行其他锻炼。我甚至想增加饮食，吃甜菜、菠菜、蛋清，以及其他所谓的超级食物。我有一个特殊嗜好，就是把巧克力豆花作为甜点。

要想弄清楚银行发展前景变得越来越难。突然间，银行运营变得异常复杂，市场也极度不稳定。德意志银行大型债券部门交易员变成了领先指标。他们在交易一种叫做信用违约掉期(CDSs)的金融工具，其功能就是押注某家公司是否可以生存。在这些集团中，我培育了良好关系，要求购买花旗、美国银行或者摩根士丹利的信用违约掉期。这就像用神奇八球(Magic Eight Ball)来解释市场一样。

过去，我们很多人没有从事过信用违约掉期业务，但是，金融危机期间，这成了新焦点。掉期业务起到了为债权人保险的作用。持有债券的公司可能会买入信用违约掉期合约，这需要公司支付 1%的代价，通常情况下，至少是每年支付债券价值的 0.5%。作为交换，该公司得到心理上的平静：如果债券发行人出现违约，债券持有人就会全额得到偿付。提供这种保护的价格会基于市场情绪而“波动”。如果某家公司似乎出现了麻烦，信用违约掉期合约价格则开始上升。

分析因素与我以往工作迥然不同，无论是在美联储，还是在华尔街其他公司的工作，甚至是在商学院所学的东西，抑或是在准备注册金融分析师考试时所学习的内容，都与此不同。我接受的训练是关注公司的基本面——业务运营——而不是逐日跟踪其股票走势。对交易员来说，他要关注短期收益，如果你没有战斗机飞行员般的神经，也没有丰富的经验，那么这是一个赔钱的捷径。

我们在市场上寻找股票如何反应的答案，有时，在很多恐惧和不确定性汹涌而来的时候，市场可能会出现荒唐行为。在此期间，关于某家特定公司的谣言四起，全国广播公司财经频道会把其股票代码用亮橙色显示在屏幕顶端，表明当天这家公司受到了积极关注。如果某家银行显现为橙色，那么投资者就会打电话询问，那家银行出了什么事情。一些人会首先开火——抛售股票——之后，再问问题。仅这种行为就可以推动股价下跌，导致信用违约掉期出现较大息差……同时，也有更多电话和问题会直接找到我。

市场的表现就像一名受整体系统影响的冲动交易者，相较长期前景而言，它更能反映短期价格趋势。其结果就是，出现自我实现预言，这导致某只股票产生极端的价格波动及恶性循环，我把这种现象称为"卷入漩涡"。这种现象出现时，如果客户周三抛出股票，相对于周二来讲，其中的差别可能意味着，他会损失其持仓头寸的 50%，每日价格波动比平均值高出 100 多倍，正常情况下，每年的波动幅度也就这个样子。

贝尔斯登是第一家被卷入漩涡的公司。之前，我曾跟踪过该股，但没有向客户推荐。即使是正常市场环境，对我来说，该公司也存在太多的未知风险，我无法对其运营模式感到满意。两只失败的对冲基金是其陷入麻烦的最早迹象之一，这导致了人们对其未来风险的质疑，该公司可能从未真正摆脱过相关风险。

2008 年 3 月 15 日，我参加了一个协调会，随后迹象就出现在该会议期间。这是一个大型会议，主讲人有艾伦·格林斯潘、德意志银行首席执行官以及几名住宅地产专家。对冲基金经理史蒂夫·艾斯曼(Steve Eisman)与美盛公司传奇投资人比尔·米勒，在会议上发生了争论。人们向米勒问及贝尔斯登股价为何快速下跌？他回应说，他认为该股是一只具有投资价值的股票。他根本想不到，该股当天会暴跌，也不可能想到，或者说，任何人都无法预测到，在几天时间内该公司就会破产。但米勒坚持自己的看法，会议是一次成功的大会，我按原计划举家到加利福尼亚度假庆祝。我没有想到的是，仅仅两天后，在我度假期间，贝尔斯登会破产。

我们在圣塔莫尼卡的小旅馆预订了一周时间，与姐姐及其子女共度时光。3月17日，这是一个臭名昭著的周日，所有事情大白于天下——监管者在贝尔斯登总部游泳，与其一起的还有摩根大通的交易员和尽职调查人员，最终他们收购了贝尔斯登，其他银行团队依据直觉最终决定不购买——当时，实际上，我身处洛杉矶南部1小时距离，观看着有史以来最糟糕的披头士乐队。看音乐会是我的主意，我鼓动每个人都去（妻子可能会用另一个词“强迫”）。歌手的声音听不出任何披头士的影子，在这个摇摇欲坠的破旧音乐厅中，约有20多个人，我的家人就占了一多半。演出开始前，记者给我打电话，告诉我2 800英里之外形势的发展情况。我感到极为可笑，但是，我对此也几乎无能为力，至少也要大约1个小时后才能到场。

演出完毕，我开车返回圣塔莫尼卡，疯狂地拨打电话，想要知道，贝尔斯登越来越大的破产可能性将会如何影响银行业内其他公司。我们住的时髦酒店风格令人极不舒服，一点儿也不为儿童考虑；我们仅2岁大的小女儿，不是走向水池，就是走向火堆。我在电话中与团队讨论，华尔街机构如何分崩离析，同时，还要尽自己最大的努力，避免小女儿过于无聊，帮她找些适合儿童吃的食物。同时，我也在想，我是不是应该缩短假期，马上返回纽约。我知道，妻子会含糊地表明让我自己回家，不用管她和3个孩子。对她来说，华尔街所发生的事情并不会影响到你和家庭一起度假。因此，我留了下来。

那个周日，我在酒店前台隔壁的迷你“商务中心”彻夜工作。时差意味着，我可以有几个小时来处理纽约事件，但是，也意味着那晚我无法睡觉。尽管我完成报告，让酒店在美国西部标准时间4:30提供了叫醒服务，以便我和销售人员讨论所发生的事情。接下来的几天，我继续奋斗，努力跟上纽约事件的进展，与此同时，还要表现得像与家人一起度假一样。我们长时间地待在海滩上，或许，眺望有益于健康。生命在继续，家庭重于工作。

遗憾的是，几个月后，雷曼兄弟公司破产了——不是像贝尔斯登那样被人以跳楼价收购——我并未从这个角度来观察。离得太近了。

到目前为止，雷曼是我职业生涯中最糟糕的一次买入评级。2007年春季，该公司股票接近其历史顶点，我向投资者做了推荐，甚至，在该公司内部问题已经开始显现时，仍维持该公司的买入评级。最初，评级是基于其账面价值。这是评估公司价值的最简单方法，可定义为，总资产减去总负债。也就是说，如果你卖出公司，可以得到剩下的价值。在这种情况下，我做出一个重要判断，基于其房地产贷款的损失，按比例相应缩小其账面价值，其中包括该公司在住宅和商业地产贷款及证券业务上未实现的损失。德意志银行房地产研究员给我描述了持有这些资产的最糟糕情形，结果就是股票成交价远远低于其账面核心价值的1/4，即便考虑到了这些潜在损失。在正常情况下，任何远低于其账面核心价值的股票交易，都会自动给予“买入”评级。这种钱来得很容易，就像找到了用75美分买入1美元的捷径。

研究总监几次试图说服我对其降级——他认为，市场的恐惧心理足以打败任何类似的基本面分析。我仍然坚持买入评级，但是我错了。雷曼公司信用违约掉期利差迅速扩大——就像地震影片的断层大缝一样——对于公司准备如何处理其房地产风险，仍没有令人可信的解释。整个2008年，雷曼的对冲基金业务稳定增长，同年9月，其日常资金链开始出现问题。

2008年9月10日，季度业绩电话会议期间，我与雷曼管理层进行了一次略超现实的交流。雷曼宣布，该季度公司亏损39亿美元，这是公司历史上最严重的亏损，同时，公司寻求出售部分业务，或者整体出售。这只是碰碰运气而已，它不可能找到买家，雷曼也打算背水一战：它剥离所有房地产坏账，既有商业地产坏账也有住宅地产坏账，注入到一家新公司中。有可能自一开始，该计划就注定失败。除其他问题外，债务并不会减值。相反，公司可以随心所欲地保留自己想要的价值。雷曼被困到了一个死角——鉴于没有买家，因此大量债券几乎毫无价值——然而，公司并不会径直站出来，把事情和盘托出。只要这些数字不真实，就没有人会相信，并且，资产本身也会继续缩水。

更大的问题是，雷曼需要资金来维持资产剥离所产生的新公司，据它自己估计，大约需要70亿美元，但是，公司已经没有任何现金。通过出售投资管理部门，大约可以得到30亿美元，至于其余的……雷曼管理层没有说太多。基本上还差40亿美元。

业绩发布会是个奇怪的会议——有时，像是在日本歌舞伎剧院，管理者按照仪式和剧本在卖力演出，通常情况下，有一件事情不会讨论，那就是每个人都在思考的事情。这种情况下，一个明显的问题就是，剩余的 40 亿美元从哪里来。大学时，我是一名数学怪才，但是，这种问题大一新生都能解决：制作馅饼需要 7 个苹果，你只有 3 个，还需要几个？

会议问答期间，我问了几个准备好的问题，之后，就问到显而易见的问题："某种程度上，你们可能需要 70 亿美元投资到那家公司，"我说，"你们剥离(其他部门)获得 30 亿美元，那如何得到另外 40 亿美元呢？"

显然，财务总监不想明确回答其中细节，因此，他进行了漫无边际、似是而非的回答："哦，我觉得，我们并不需要筹集额外资金，达到 70 亿美元，因为，雷曼核心业务只有少数几种杠杆股权，你知道，本季度末，你就会明白。"

换句话说，雷曼自己曾说过，该计划会花费 70 亿美元，然而，当时两个数字并没有加总，突然，它又不需要 70 亿美元了。所传达的真正信息是，公司处于一种其管理层可以即兴表演的可怕境地。我听够了，第二天，2008 年 9 月 11 日，我下调了该股评级。

同一天，花旗和高盛的分析师也下调了雷曼评级。自 2007 年 4 月我发出买入评级开始，雷曼股票业已下跌超过 70%，跌到每股约 4 美元。这种后果让我的胃深感不适。对分析师来讲，这永远是一种打击：我们仅仅是反映了当前市场情绪，成群结队地外出旅行，甚至在股价明确飙升超过其合理估值后，告诉你买入，但是在该股已经损失了大部分价值后，却告诉你卖出。

财经媒体偶尔会刊登类似报道，指出我们都是一群薪酬过高的失败者。我总是试图和这群人撇清关系，但是，在雷曼公司的判断上，我彻底失败了，让客户付出了资金代价。过去 2 年，我的记录仍然表现抢眼——一些之前设定为卖出评级的股票已经下跌了 70%、80%，甚至 90%。尽管如此，华尔街座右铭是"你最近为我做了些什么？"我知道，批评即将到来，并且，我理解，这是罪有应得。我只能接受批评。

第二天，《华尔街日报》长篇报道了雷曼评级下调，但是，该报道中偏偏用到我的单人照片，像个嫌疑犯似的。我觉得，这也是我自作自受——在这个巨大错误中被单独挑出来，作为反面典型。那段时期内，雷曼股票在一天内下跌了 45%，周末，事情变得越来越糟，那时，联邦政府决定拒绝对雷曼实施救援，公司破产了。

第二天早晨，我记得，自己坐在办公室内，完全不知所措。我从未想到，雷曼会破产,恰是基于这个原因,我才推荐了该股——我认为,其资产物有所值。然而,现在市场力量如暴风骤雨,彻底击败了任何基于基本面分析所做出的系统性公司估值。

一名团队成员与公司交易员关系很好,谈论那天的事情时,交易员告诉他,德意志银行与摩根士丹利和高盛的业务联系极为有限——只有“现货”交易,这意味着它们必须马上完成交易,或者将全面抵押品折现。周一,对华尔街公司来讲,缺乏信任成为了主旋律。这种迹象表明,金融系统面临严重崩溃风险。

雷曼倒闭,让华尔街处于一段史无前例的恐惧期。2008 年 9 月,就在同一个月,房利美和房地美被接管。华盛顿互惠银行申请破产,美林公司出售给美国银行。9 月中旬,证券交易委员会禁止做空金融股。几周后,美联银行经历了“沉默”挤兑,流动性资金开始出现枯竭——并没有出现成群结队的个人储户提取存款,只是机构通过电子渠道把资本稳定地转移出去。花旗集团同意购买美联银行——这相当于两名醉汉相互搀扶,同时,政府还会提供更多帮助——但是,最终这单生意被富国银行抢走了。

10 月中旬,美国财政部注资1 250亿美元,购买 9 大银行优先股,但是,在我看来,即使这样,似乎还不够。现在,我认定金融危机损失大约为 1 万亿美元,这时,银行大致持有相应数量的股票。换句话说,如果你以当前市场价值对资产估值,那么,银行业有可能全行业资不抵债。因为这个原因,财政部暂停了银行必须对其资产公允估值的规定。其思路是,无序市场环境下,这些数字过于令人生畏,因此,难以合理计算。

当然,我为此焦虑不安。除了让自己的投资组合 100%变现外,还从银行提出10 000美元,把它藏在公寓中——万一出现什么事情,可以当作紧急备用金。我把钱放到家中办公室暗角的一个文件中,文件夹标签上写着大女儿的名字(是的——主要想法是,这可以保证孩子们的花销)。与该文件夹放在一起的有,女儿 3 岁时送给我的情人节礼物,她的幼儿园录取通知书,装有 1 万美元的信封。我觉得,这种行为稍显懦弱怕事,但是,我向几个同事提及此事时,他们告诉我,自己早已提出了更多钱。一位客户承认,他真的买了金币。我也考虑过卖掉公寓,租住一段时间,在我说出这些话之前,就被妻子否决了。与此同时,纽约正在发生变化。那年秋季,这个城市变得越来越容易找到出租车了,餐馆空空如也。就像 10 年前银行业并购对我的影响一样,那时,瑞士信贷和帝杰证券并购完成后，我被解雇了，不久，围绕在华尔街的所有愤怒和困惑，出现在我的办公室。德意志银行和其他大公司苦苦挣扎，需要裁员。我犯了一些重大失误——比如，很明显的就是雷曼——然而，这仍然是我有史以来表现最好的年头，因为，就整体而言，这段时间是看空银行股的良机。但是，德意志银行管理层并不这样看。固定收益部门深受煎熬，进而导致公司开支进一步紧缩。我觉得有点伤感，固定收益部门遇到好年头，他们就会得到令人羡慕的奖励，而遇到坏年头时，所有人就要一同受苦。他们赢了开头，我们却一起输在了结尾。

事后，人们对金融危机感到最为惊讶的是，根本没有什么新东西。人们进行了各种各样的调查分析，撰写了很多相关著作，他们都确认了相同的影响因素：大量高风险抵押贷款、银行过于激进的增长以及没有实权的监管机构。还抛出一些其他因素，诸如长期过低的利率，以及政府公开支持房地产行业，或许你已经知道了大部分根本原因。

然而，这些都不是从大气层上方飞入的流星事件。过去500年间，几乎在每一个历史时期，银行业都会经历周期性繁荣与萧条。当然，有些因素在很长一段时间内无法发现，尤其是这次问题的范围太大，不仅影响到了大银行，而且也影响到了小储蓄机构，还有像贝尔斯登和雷曼这样的投资银行，以及定期存款银行。但是，其构成要素却不是新要素。相反，这像是旧病新发。历史上，银行危机的根本原因不断重现。将风险叠加在最高风险之上，会使得整个系统趋于不稳定状态，这样的事例屡见不鲜。

高风险抵押贷款？当然不错。像选择性可调整利率抵押贷款（ARMs）这种非传统性产品相对较新，可以从具有较大诱惑力的低利率逐步上升到高利率，月供可以翻2倍或3倍。20世纪60年代和70年代，银行家见到过“三无”贷款，这种贷款会向“无收入、无工作、无资产”的贷款人发放，他们都惊呆了。然而，选择性可调整利率抵押贷款也并不是真正的新产品。所谓的选择性可调整利率抵押贷款“创造者”，是美国国家金融服务公司的安吉洛·莫兹罗（Angelo Mozillo），甚至在其出生前很多年，高风险房屋贷款就很普遍。大萧条前夕，银行就发放与如今的选择性可调整利率贷款很相像的贷款类型。20 世纪 20 年代，银行向贷款人发放住宅贷款，一般情况下，为 5 年期贷款，实际利率高达 12%～14%，贷款人只付利息，贷款到期时，支付全部贷款余额。某些情况下，贷款是“活期”贷款，这意味着，银行在任何时候都可以调用贷款——要求全额支付余额。对这些高风险贷款再融资收取高额费用也并不新鲜，20 世纪 20 年代，贷款人对那些仅支付利息的按揭贷款进行展期时，需要支付贷款总额的 20%。

在 20 世纪 20 年代的大部分时间内，该系统运行良好，但是，只要房价开始下跌——由于失业或者消费者信心降低——这些业主就马上无法再融资了。人们面对大量贷款账单，此时，却没人愿意放款。这是根本上的“信贷紧缩”，导致很多人失去房产。银行接收房产时，很多银行会因不堪坏账及房地产减值的重负，而最终破产。在这个方面，最近金融危机与大萧条很相似——2011 年，银行持有 400 万套住宅房产。

大萧条之后，产生了 30 年期固定利率抵押贷款。联邦政府介入进来，创立了联邦住宅贷款银行，该机构各网点可以以较低利率提供更长期贷款，每月月供大幅降低。此外，30 年期贷款成功地稳定了住宅市场，20 世纪大多数时间内，它们运作非常理想。无论是贷款者，还是银行，都可预见贷款支付情况，这种可预见性导致了抵押贷款支持证券，这可以让金融机构对 30 年期抵押贷款形成的现金流进行投资。

有些情况下，银行和贷款人转出 30 年期固定利率抵押贷款的一个原因是，家庭开始在各地来回奔波。在人口流动性日益增加的社会里，几乎没有贷款人愿意在 30 年内生活在同一所房屋内，随着利率下降，房价上涨，人们经常会卖出房屋，或者进行房屋再融资。结果，会提前还清抵押贷款，基于这些抵押贷款而产生的证券变得更加不容易预测。这使得该工具产生了不确定性，而机构投资者不想看到这种事情。

因此，对银行业来讲，部分问题在于，原有老问题承担了过度风险。发放新的、未检验的贷款，贷款人信用被过度滥用，巨大利润带来公司健康发展的错觉。当房价停止上涨时，信誉不佳的贷款者只会剩下可调利率抵押贷款。无法继续偿付其贷款。

我所经历的这场金融危机中，这并不是唯一的问题。第二个大问题是，银行努力追求不健康的增长速度。这就像一个干瘦的孩子想快快长胖一样——你可能会使用激素，使事情以远远超过自然成长的速度在成长，不过这只是暂时的，一般情况下，会带来非常严重的后果。从历史视角来看，银行收入年增长约7%，接近名义国内生产总值增长率，这也合乎情理。就财务绩效而言，总资产回报率约为1%，或者说净资产回报率为10%～12%。这种增长缓慢而稳定。

然而，一般情况下，银行对此并不满意——它们不仅想要这种健康增长，而且还想推动激进增长。1999年，我撰写了一份大型报告，“银行与红皇后效应”，这就是一个重要主题。该行业经过长期扩张后，多亏了行业整合以及消除不良分支机构，才形成了5年稳定增长期，我想知道，银行如何继续保持这种增长。更准确地说，我想问，它们计划如何做——大多数人会说，发放更多贷款——在该报告中，我附了一张增长预测图。

两家最雄心勃勃的银行是花旗银行和五三银行(Fifth Third)，两者均计划实现年收益增长15%。随后10年中，这两只股票是整个行业内表现最差的股票，并非是一个巧合。那家增长预测最为保守的富国银行，在行业内表现最为优异，恐怕也不是一个巧合。

在此期间，其他银行试图依靠互联网实现增长。恰好处于20世纪90年代末科技泡沫高潮期，当时，很多公司，包括银行在内，都对自己重新调整定位，显得它们就像是高科技公司一样。结果，银行推出了一些事后看起来极为荒唐可笑的举措，就像中年人学习新时髦舞蹈一样。高科技公司西迈吉公司(CMGI)的股票炙手可热时(你还记得那家公司吗？还能记起这家“企业孵化器”曾烧掉了近10亿美元财富吗?)，有家银行说，其私募子公司应该与西迈吉公司有相同估值。难以想象，该银行会用这种公司的股票作为衡量基准，根本没有意识到，这是一只荒唐的、定价极高的、即将失控的股票。

另一家银行宣布，它想在新经济融资领域成为领导者，形成一种“互联网公司文化”。关键问题是什么？这个声明在2000年5月宣布，大约就是在纳斯达克指数历史顶点后2个月。

事实上，银行应该起到更类似于公用事业的功能。应该像自来水公司——你打开水龙头，就知道它如何运作。你绝不会听到，某家自来水公司总经理年薪达到3 000万美元，并且，自来水公司也不会因为某些交易员做空公司股票而关门大吉。

我知道，在公开市场上，银行必须吸引投资者，并且，要想做到这一点，就必须扩大公司规模。但是,通常的情况是,该目标的实现以某种风险控制作为代价。银行不仅努力比其竞争对手更快扩张,而且还会为了超出实际发展需要而不顾自身的持续性和安全性。当这些赌博性的举措每况愈下时,就会危及银行的存亡。这正如我早年在美联储培训时所学到的:“如果某些东西像杂草一样生长,那么它可能就是杂草。”最终,在这场金融危机中,监管者发挥了巨大作用,当然,我们现在可以找到更好的方法,处理该危机。过去几十年间,银行业整体起伏不定,并且,几乎每次银行监管放松,银行都会陷入困境。这里,可以说出很多相关人员的名字,但是,我只向你提及一个最臭名昭著的人:达瑞尔·道丘(Darrel Dochow)。20 世纪 80 年代,他是一名银行监管者,在美国储蓄机构监理局(Office of Thrift Supervision,OTS)工作。随着借贷危机的不断发展,道丘故意推迟了一项针对林肯储蓄信贷银行(Lincoln Savings and Loan)的调查。林肯储蓄信贷首席执行官查尔斯·基廷(Charles Keating)也不愿意接受该项调查。如果执意进行的话,他威胁要诉诸法律,并且聘用了美国参议员来帮他——基廷五人组丑闻(Keating Five Scandal)。尽管道丘只是遵从老板的指示,但是,他是该行动的实施者,并且,对该事件也有着重大分歧。18 个月后,林肯储蓄信贷银行最终还是被调查了,调查人员发现其漏洞百出:不良贷款业务、不当收入记录,等等。联邦政府接收了该机构,进行了紧急救助,花费了美国纳税人约 30 亿美元,由于道丘在该事件中所起到的作用,也遭到降职。

故事并未就此结束。接下来的 20 年里,道丘继续待在美国储蓄机构监理局,以自己的方式支持机构发展。无论是他自己,还是其所在机构,似乎都没有从借贷丑闻中吸取太多教训。其他重要事件还有,21 世纪初,从美国货币监理署(Office of the Comptroller of the Currency)到储蓄机构监理局,在帮助美国国家金融服务公司躲避监管事件中,道丘又发挥了关键性作用。银行可以选择监管者,似乎令人不可思议,但是,通常情况下,就是这么做的。各个机构争夺银行来获得更多的权力、威望及其相关好处——为了让自己更具吸引力,它们提供更加友好的工作流程,以及不太严格的规则。21 世纪初,美国储蓄机构监理局官员就把银行称为“客户”。

道丘一路高升,2007 年,他重新当上了美国储蓄机构监理局西海岸分局主任——作为储蓄机构高级监管者,负责监管在房地产危机中遭受灭顶之灾的储蓄机构,以及那些产生了巨额次级债的机构。这就像让纵火犯去管理国家林业一样。

2008 年，道丘涉嫌为因迪美银行(IndyMac)提供了帮助，该银行就是这类机构之一，它们调整了财务记录，让财务报表看起来更健康。该公司现金短缺，面临着监管者将其降级的风险，这可能会触发公司更大麻烦。因此，按照《华盛顿邮报》后续报道的说法，该公司请求道丘签署了一份虚假文件——该公司在 5 月还没有收到的资金，看起来好像在 3 月就已经到账了。美国储蓄机构监理局，作为一个联邦机构，它的西海岸区分局主任就涉嫌帮助该公司时撒了谎。

此后不久，因迪美银行破产，花费了 10 亿美元，根据美国联邦存款保险公司提供的消息，正如国家金融服务公司、华盛顿互惠银行、唐尼储蓄贷款银行(Downey Savings and Loan)，以及大量的其他西海岸储蓄机构一样——事实上，所有这些机构都本该受到道丘和美国储蓄机构监理局的监管。因迪美银行破产事件公开后，道丘被迫引咎辞职，这次，他是真正永远离开了该机构。最终，甚至该机构也没能幸存；美国储蓄机构监理局被并入了美国货币监理署。

道丘身上体现了很多银行监管者待人亲密的特质，他们把机构视为客户，而不是需要管束的机构。所犯下的愚蠢错误，使国家遭受了数十亿美元损失，该事件中令人最为沮丧的是，甚至就是这样令人深恶痛绝的事情，竟然还不足以促使监管机构去改变它们与金融业之间的暧昧关系。

想要更多的证据？2003 年，艾略特·斯皮策和美国证券交易委员会经过长时间讨论后，确定了“大和解”方案，该方案消除了股票分析师最严重的侵权行为，禁止他们与投资银行家之间存在亲密关系，还记得这些吗？你可以预期到，银行会努力推翻该方案，以它们的原则，所有监管都不好。但是，你可能无法预测到，美国证券交易委员会，这个致力于建立新规则的重要监管机构，与大银行勾结在一起，试图撤销“大和解”方案。

然而，这确实发生了。2010 年春，证券交易委员会联合 12 家银行要求撤销该规则，允许分析师与投资银行家之间建立更紧密的关系。“大和解”方案仅仅签订了 7 年，这一天就到来了，金融危机之后，几乎所有出错的事件都与分析师相关。幸运的是，一名法官阻止了该修订案生效。这次误导性的尝试——监管机构自毁长城——似乎我们从这场金融危机中一无所获。

风险性贷款、激进的银行、无能的监管——导致金融危机的主要因素，无一例外。事实上，远不止如此。它们是客观存在的，并且，还会继续影响这个国家。毕竟，金融危机导致数十家银行倒闭，损失了几千亿美元资金，引发了全球性衰退，数以百万计的消费者受到了直接影响，他们中的很多人失去了房产。如果这还不足以改变系统，那还要怎样？

第七章 花旗,第Ⅰ部分

悲伤的往事

2008 年 2 月 14 日,金融危机期间,花旗集团首席执行官维克拉姆·潘伟迪(Vikram Pandit)收到美国货币监理署的一封信。这不是情人节的情书。在长达 8 页的信纸上,坦率地表示,该公司在风险管理上的几个"缺陷"和"弱点",尤其是在公司对持有的抵押支持证券估值与信息披露方面。"它显示,随着公司很多重要产品获得了行业顶级排名,管理层更加注重短期业绩和盈利能力,而不再关注风险或潜在损失,"美国货币监理署监管者如是说。"对风险的评估远远不够"。

换句话说,花旗内部管控一团糟,这封信是政府发出的官方通知,花旗的这种情况令人无法接受。那时,潘伟迪上任才几个月的时间。2007 年 11 月初,查克·普林斯辞职后,他接管了花旗。一般而言,新首席执行官接手一家陷入麻烦的银行时,市场会放任该人主动坦白问题,并向前任管理团队发炮,这时本该是潘伟迪做出这些举动的关键时刻。本来可以简单地表示,好吧,这比我们想象的还要糟糕,但是,我们会尽力处理。

毕竟,由于高风险抵押贷款,公司财务状况已经非常糟糕了。2007 年第四季度,花旗损失了 98 亿美元,整个 2008 年度,赤字继续扩大:4 个季度损失分别为 51 亿美元、25 亿美元、28 亿美元和 83 亿美元。潘伟迪肯定知道,花旗仍然持有大量次级抵押贷款,实际上,这些投资的价值每天都在减少。坦白本来可以带给他一些信誉,并且,这也会警告投资者,未来的问题还会带来更大潜在风险。下次,潘伟迪无论说什么——好消息或坏消息——人们都会相信他。

但是,他没有这么做。相反,2008 年 2 月 22 日,仅仅在收到那封信 8 天后,潘伟迪签署了花旗的 10-K 文件——上一年度公司财务报告,其中包括一个声明,说公司的内部管控非常好。潘伟迪知道,按照中立第三方标准,公司内部管控存在缺陷,然而,他并没有披露。从最乐观的方面来看,他不知道具体的情况,随意签署了文件;从最糟糕的方面来看,他这是犯下了玩忽职守罪。

更清楚地说,与其他人一样,监管机构也对金融危机负有不可推卸的责任。某些情况下,像现在已经不存在的储蓄机构监理局,它与自己监管的银行保持了过于亲密的关系,对待银行就像客户一样,而不是当作客观监管对象。同时,这些态度良好的监管机构数量过多。一项估计测算,为了确信花旗集团依法经营,政府令大约 80%的员工对此负责,其中包括美国货币监理署、美联储和美国证券交易委员会。乍听来,这样的人数似乎是可接受的,但是,花旗雇员总数超过了300 000,仅在其风险管理部门就有约2 000名员工,加上内部审计部门的2 000人,赋予公司 50∶1 的巨大优势。

在这种情况下,不知所措的监管者发现有些事情极为重要。他们做好了本职工作,找到了问题,并且与银行首席执行官进行了沟通。然而,警告没有得到重视。

潘伟迪签署 10-K 文件的行为,远非不诚信这么简单——我相信,这是对《萨班斯—奥克斯利法案》赤裸裸的背叛。正如之前所言,现在首席执行官们必须个人签署财务报表的原因,是 2002 年为了应对安然公司、世通公司以及其他公司的重大舞弊行为所颁布的法律。在安然和世通公司的融资与承销业务中,花旗集团起到了重大作用,美国证券交易委员会指控它帮助安然公司隐瞒债务,并人为提高公司利润。针对这两家公司的诉讼,花旗为解决事端付出了 50 亿美元的代价,几百万美元的罚金,还有数百万美元未曾披露的诉讼费。换句话说,花旗是新法案制订事件的幕后推动力。

《萨班斯—奥克斯利法案》部分意图是,防止公司首席执行官们借口不知逃脱责任。相反,他们个人要对公司核查内控及其可靠性负责,如果出现问题,就必须负责到底。至少,在这种情况下,情况并非如此。潘伟迪漠视货币监理署的重要意见，直到2011年初才公布出来，这时，金融危机调查委员会发布报告，提示了该次金融危机的原因及背后阴谋。

花旗否认了有关潘伟迪违反《萨班斯—奥克斯利法案》的所有指控。银行的解释是，美国货币监理署信件从未使用关键会计词汇“重大缺陷”，这需要他或多或少地将美国货币监理署的信件内容公之于世吧。但是，我可能有些吹毛求疵。这是一种高级言辞辩护，破坏了法律精神。如果《萨班斯—奥克斯利法案》在这里不适用，那么，我不明白，该法案什么时候才适用，或者说，实际上，花旗公司和其他公众公司本应该将数亿美元花在合法经营上。

整个金融系统处于危险之中，花旗身陷其间，仍然持有数十亿美元的高风险资产，致使公司混乱不堪。提出花旗内控方面存在缺陷和不足的8页信件非常重要。那是你应该向股东公示的东西。我咨询过会计和法务专家，以他们的观点来看，该信件确实足以够得上是提示了“重大缺陷”。

2011年，有关货币监理署信件的消息公开后，我提出警告，有些人试图淡化该问题。他们说，几年前就出现过这种情况。这是家喻户晓的故事。尽管在我看来，这是同一个首席执行官，担任同一家公司的负责人，金融危机过去几年后，仍然未能公布。之后，他的行为绝对与今天公司的运营有关。再者，潘伟迪对2008年花旗内控缺陷的知情程度，到2011年才予以披露。没有任何法案限制公司恶劣对待股东。

过去10年左右的时间里，每次重大的金融案件，都会牵涉到花旗，从安然事件到世通事件，到科技泡沫分析师丑闻，再到抵押贷款危机。一连串的失败远不止是让公司失去信誉这么简单——它使花旗股东损失惨重：2001～2010年，来自于罚金、和解、储备金或账面减值方面的损失，税前约为1 000亿美元。这导致在公司赚取的每3美元中，就会损失大约1美元。缺乏持续管理几乎同样糟糕。1998年以来，花旗经历过30次重大重组及高管更换。其中包括4名执行总监，6名财务总监，7名个人银行负责人，8名投资银行负责人。

几年前，我在给客户的报告中写道，花旗实行的是及时制风险管理，因为它似乎从来不会关注潜在风险问题，一直等到这些问题爆发，这则消息登上了媒体头版头条，随后监管机构也介入进来。这也是为何潘伟迪的所作所为令人极为愤怒的原因所在。这家公司不断挑战金融行业的极限，因此，不断地陷入麻烦之中。然而，它似乎从未解决过这个根本性问题，包括其企业文化。

事实上，如果你综观该公司发展历史，你会明白，过去 10 年间，它看起来并不反常。丑闻更加频繁出现——涉案美元金额越来越大——但是，这并不是什么新问题。花旗集团就是金融业内一只不负责任的变色龙。在其整个发展历程中，有 6 次濒临破产边缘，分别是 1921 年、1932 年、1970 年、1982 年、1991 年和 2008 年。在大多数情况下，它会获得联邦政府紧急援助，得以保持偿付能力，每次事件都伴随着相似轨迹：该公司承担过度风险，陷入麻烦境地，需要政府介入才能幸存下来。这些事件催生新规定，以便未来对抗这些高风险行为，银行开始报怨，然后，就不再遵循规定。银行业首席执行官们抗议那些繁杂和不必要的监管，或许首先就会向花旗看齐，因为它是金融业问题的典型代表，过去 30 年里，表现尤为突出。

这个现在称之为花旗集团的金融企业，大约建立在 2 个世纪前，即 1812 年，比高盛公司早 60 年，比美联储早 100 多年。那时，它叫做纽约城市银行(City Bank of New York)，尽管它经历了几次名称变更——1974 年，更名为花旗公司，1998 年，最终更名为花旗集团。19 世纪 80 年代中期，它在美国即使不是最大的银行，也总会是银行巨头。在银行业的优势地位，使得它在每次重要趋势中处于潮头浪尖，尤其是在 20 世纪，它的很多公司战略决策事后都令人费解。

例如，20 世纪 20 年代早期，该公司——是银行业中首先走向全球化经营的公司之一——与古巴糖生产商进行了一场豪赌，参与该事件的还有几家别的美国银行。这个故事阐明了一个在银行业整个发展历程中反复出现的主题：锁定某种特定资产或似乎有效的策略，投入所有资源，直到公司倒闭破产。

第一次世界大战期间和战后，糖价飙涨，到 1921 年，公司向古巴厂方和商人提供贷款约7 900万美元，约占其总资产的 80%。由于资金大量注入古巴，使其经济高速发展，之后不可避免的事情发生了：糖价暴跌，不到 1 年的时间内，几乎下跌了 95%。古巴政府延期还债，迅速冻结了向花旗支付的本金和利息。银行面临着极为熟悉的问题：如果它咬紧牙关，减记贷款——降低其资产负债表上的价值——资本金巨幅降低，会限制它提供贷款的能力，并把客户吓跑。该银行几乎可以肯定破产。

相反，它在其账户上全额保留贷款额度，并且，实际上又向这些项目投资了更多资金，成为古巴最大的糖商之一。几年后，花旗将其中一些债务证券化，出售给美国投资者，这恰好处于1929年股市崩盘前夕。结果就是，20年代末糖价再次下跌时，这些证券也大幅跳水。随后几十年，糖厂一直拖累着公司发展，直到1945年，才最终脱手。然而，银行建立了一个规则，这成为其运营策略：当出现大量不良贷款时，不要违约，不要减记。相反，只要静候结果，必要时，拿钱打水漂也在所不惜。

1929年股市大崩溃中，花旗是一个很重要的因素。20世纪20年代早期，其资产超过了10亿美元——这是第一家达到了这个具有里程碑意义数额的美国银行，新首席执行官查尔斯·米切尔(Charles Mitchell)得到了“10亿美元查理”的绰号。公司积极参与了商业银行和投资银行业务——向那些在自己帮助下上市的公司提供贷款，同时，也持有这些公司的股权，发动其经纪人向公众出售股票，这充分利用了非常积极的销售策略和销售渠道。这种配置产生了各种各样的利益冲突，因为银行通过向某公司提供不公平的利益，会影响行业竞争，尤其是，如果这些公司也恰好是投资银行或商业贷款客户。

个人投资者买入股票，下跌达到10%，会引发市场臆测。1929年股市大崩溃期间，很多这类公司都火箭发射般上涨，之后又大幅跳水。正如1929年11月维吉尼亚州参议员卡特·格拉斯(Carter Glass)对花旗首席执行官所说的，“对这场股市危机而言，米切尔所造成的影响超过了任何50个人的影响”。

参议院银行业委员会——所谓的帕科勒委员会，以参议院银行委员会的首席律师费迪南德·帕科勒(Ferdinand Pecora)的名字命名——举行听证会，了解此次股市大崩溃的原因，这相当于那个时代的金融危机调查委员会，10亿美元查理是第一证人，由于其银行在金融危机中所起的不良作用，他被批得体无完肤。做证期间，他承认，自己在1929年得到了100多万美元的薪酬和奖金，由于这些交易涉及他的妻子和公司股票，当年他并没有支付任何所得税。很明显，该公司通过高压式销售活动把证券推向公众，其中一些证券基于灾难性的古巴糖厂资产，这是花旗在那个年代早期所犯下的巨大错误。

米切尔的证词来得真不是时候——恰恰发生在1933年银行业大危机期间，在此期间，38个州关闭了其银行，保留银行的10个州进行了严格限制，只能让人们提取5%～10%的存款。高傲的银行首席执行官与之形成鲜明对比，每年获取100多万美元的薪酬，大多数美国人的日常生活却非常艰难，听证会5天后，他卸任公司首席执行官。尽管如此，大萧条迫使数以百计的较小机构破产，但米切尔的银行幸存了下来，在很大程度上是因为政府政策对金融行业提供了支持。

帕科勒委员会推动了华尔街大范围改革，包括《格拉斯—斯蒂格尔法案》，1934年获得通过，成为法律，该法案实行商业银行与投资银行经营分离。该法案由卡特·格拉斯提案，该参议员直接指责米切尔造成了这次金融危机。花旗出售了其证券业务，专注于存款业务。其他新政改革包括成立联邦存款保险公司(FDIC)，旨在防止银行挤兑，还有一部称为Q条例的法案，限制银行向短期存款所支付的利息，如储蓄账户和支票账户。其想法是，银行会通过不断增加利率进行竞争，消费者追逐高利率，会造成金融系统不稳定。

这些改革使得该段时期金融相对稳定，这种情况大约持续了40多年。美国经济扩张的时候，银行会为其增长提供资金支持，没有大规模信贷紧缩、恐慌或金融危机。银行增长缓慢，但稳定并值得信赖。它们没有狂热的投资，但是，它们会为经济提供流动性和信贷，并且极其稳定地运行。

公司另一名著名首席执行官是沃尔特·瑞斯顿(Walter Wristion)，1946年，作为一名信贷员进入花旗，1967年担任首席执行官，直到1984年。瑞斯顿厌恶新政思想以及对银行业的管制，他觉得这些过于繁重。随着他在公司内步步高升，他设计了很多可以绕过规则的新产品。考虑到Q条例，严格限制向短期存款支付的利息，他看到，除非银行可以吸引较大规模的存款，否则就无法快速成长。因此，他设计出一种新产品，叫可转让定期存单(CD)。

那些不受美国规则和会计管制的企业和外国客户，可以把 10 万美元投入到这种非常像基本储蓄或支票账户的产品中——该资产会获得利息，存款者可以随时在二级市场上出售该产品，收回资金。那时，还没有二级市场，但是瑞斯顿解决了这个问题。他找到一名纽约债券交易员，那位交易员说，他需要1 000万美元贷款，创造一个新定期存单交易市场。瑞斯顿让花旗发放了该贷款，建立了交易市场，之后，花旗开始出售可转让定期存单。

瑞斯顿几乎是从头开始，创建了整个市场体系，他故意没向美联储申请许可，理论上，请求原谅比请求许可要简单得多。这种方法真的奏效了。这时，大萧条业已过去 30 年，美联储确信银行有足够的资金运营，这种存款，尤其是商业存款，不必撤资，也不会把这些资金投入到其他产品或账户中获得更高利率。新产品可以保证实现这些目标。1961 年，花旗开始出售定期存单，其他多数大银行迅速跟进，第一年，就为银行业吸引了约 10 亿美元存款。新定期存单基金援助了一连串新贷款，1962～1965 年，总贷款额激增 50%，达到2 000亿美元。

这是一个引人注目的成就，但是，有一点要注意——该类贷款增长远远超过了国家同期整体经济增长，在本质上，这种背离是不可持续的。银行把脚放到油门上，通常情况下，个中原因银行家似乎无法说得通：信贷是银行出售的产品，大量出售该产品时，银行觉得很幸福。至少，这些贷款发放出去时，银行是很幸福的。诀窍是让所有贷款人还钱。正如您可能猜想的那样，这种事情并不经常发生。1970 年，银行在宾夕法尼亚中央铁路公司破产事件中遭遇巨大风险。债务形式是商业票据，企业用这种短期贷款（一般情况下，是 3 天以下，有时是隔夜）迅速冲抵运营费用。投资者买入这些贷款，因为这是安全存放资金的地方，通过促进这种交易，银行赚取了不菲费用。1968～1970 年，美国商业票据数量增加了 1 倍有余，差不多达到 400 亿美元。但是，当年 6 月，宾夕法尼亚中央铁路公司出现了巨大的现金危机，对大约8 000万美元商业票据违约。

问题非常严峻，以致整个商业票据市场运转失灵。投资者不想买入，既不想买宾夕法尼亚中央铁路公司的商业票据，也不想买其他公司的商业票据。瑞斯顿，正是这名反对新政的管理者，把不必要的金融工具引入到市场中，现在，开始向美联储乞求帮助。他辩称，商业票据只是暂时冻结，银行需要通过其他新手段借入资金，并且，他说服美联储维持贴现窗口敞开，这允许银行借入资金，周末继续营业，这是一种极为罕见的情况。美联储同意救助花旗和其他商业银行，成功地阻止了危机蔓延。这是瑞斯顿职业生涯中第一个大事件，那时，他不再要求政府对自己放任不管了，转而开始要求政府对他提供援助。

瑞斯顿还有其他梦想，他想把公司变成一只成长股，就像那时一飞冲天的股票一样，比如说 IBM。1971 年，他制定企业发展目标，年度收益增长 15%，事实上，在接下来的几年，他一直努力实现该意图，部分手段是发放创纪录的贷款，预留较小规模的储备金，以防万一这些贷款变成不良贷款。前《纽约时报》金融专栏作家杰夫·马德里克(Jeff Madrick)在其著作《贪婪时代》(*The Age of Greed*)中提到了该案例，瑞斯顿辩解道“银行并不需要政府所设定的最低资本准备金，因为对于贷款风险的大小，银行家本人远比政府监管者清楚得多”。

然而，这话并非一直正确。20 世纪 70 年代中后期，公司向企业发放了巨额贷款，那些公司在短期内纷纷陷入困境，比如说油轮公司(石油危机期间深受其害)，房地产公司(深受经济衰退影响)，甚至是民用波段无线电生产商(这是 20 世纪70 年代高科技股的翻版)。1977 年，花旗遭受了大萧条以来的首次亏损。但是，它继续积极放贷。

20 世纪 70 年代末 80 年代初，发展中国家成为再融资的重要区域。有很多国家，主要是在拉丁美洲，尽管普遍认为该区域投资风险很高，但是可以产生更高的利率。它们成了最初次级贷款人——如果你不能把钱贷给“信用最佳”的国家，而尝试着贷给巴西和墨西哥。瑞斯顿在该市场拥有基础设施优势，拥有全球信贷员网络。他游说美国财政部降低对国外市场贷款的门槛。财政部采纳了他的建议，对这些国家的债务开始大量增加。自那时起，在美国以外的扩展表明，这些贷款要么有利可图，要么问题重重，归根结底取决于是在商业周期的哪个阶段。

这种典型的方式，美国银行认为这是一个良机，银行业特性似乎将会发挥作用，银行把钱投进某个业务，直至该业务停止运转。这就是资本主义——充分开发有利的市场回报，直至回报消失，但是花旗甚至在负回报状态下继续投入。花旗银行一度单独向巴西提供主权贷款，累计资金总量达到其总资本的 83%。重复着之前古巴糖价暴跌时的情况,当时,它向古巴糖厂提供的资金占其总资本的80%。1982年8月,墨西哥官员来到华盛顿,宣布该国不再支付利息。其他国家也纷纷效仿,“发展中国家”所有行业马上陷入了困境,突然间,美国银行在其账户上出现了巨额不良贷款。

这是20世纪20年代以来最严重的金融危机。并且,瑞斯顿——他在很大程度上希望政府放任不管,觉得政府对银行业的监管过于严格——再次跑过来寻找援助,当时,市场对他极为不利。如果这些贷款以真实价值计算,两家大银行[制造商汉诺威信托公司(Manufactllrer's Hanover)和化学银行(Chemical),现在两者都属于摩根大通公司]就会彻底倒闭,其他几家也会遭受重创。美国政府反其道而行之,提供了更多贷款,延缓了其他银行的偿付。国际货币基金组织介入进来。商业银行需要投入50亿美元,只有这样,墨西哥和其他债务国才能支付旧债利息。这就像给生活拮据的消费者一个钱包,里面装满了刷爆的信用卡,其中有一张新信用卡,恰好可以支付其他信用卡的最低还款额。

1982年金融危机期间,瑞斯顿在《纽约时报》撰写了一篇评论文章,试图让投资者和监管者冷静下来,文章认为“国家不会破产”。这是他一生中最为臭名昭著的话,从另一种奇怪的,却又有点毫不相关的角度来看,他说的并不错。正像他解释的那样,国家拥有的比他们拥有的要多得多。如果这些国家出售了所有资产,会有足够资金支付其债务,破产是不可能的。然而,这种言语措辞基于技术性观点。底线是,贷款人无法偿还这笔钱。贷款成为不良贷款。事情就结束了。

除了构建救助计划外,美国政府还明确许可,银行继续以全额面值来对其拉丁美洲债务估值。官方清算忽视了该问题,允许银行维持极低储备金,这些债务的损失概率远远大于其储备金。从根本上说,是政府放松了会计标准与资本需求量,专门帮助银行度过了危机。结果,在1982年花旗银行表面上看起来很风光,收益上升35%,有鉴于约1/3的资产是跨境贷款,这种收益上升只是一种繁荣的假象而已。这种债务操控需要有关国家公示其当前债务,也需要银行记录它们的最新情况,在某些情况下,这变得十分滑稽。阿根廷接受了类似于墨西哥的援助——用新贷款来偿付旧债务利息——1983年12月2日,同一天内,资金流入该国,又马上流出该国。

1984年9月,在花旗最高职位上任职17年后,瑞斯顿最终从首席执行官任上退休了。他是银行界巨人，是一名超前的思想家和先锋，为今天国家的全球化发展奠定了基础。然而，拉丁美洲债务危机给他留下了污点，随后几年内，该危机造成的影响还在继续纠缠着花旗的账户表现。最终，1987 年，新首席执行官约翰·里德(John Reed)拿出 30 亿美元，注销了公司的拉丁美洲债务。那时，公司已经能够承受这样的举措。事实上，发布该消息时，公司股票还出现了上涨，可能有一部分投资者要维护财务报表表现。美国政府为该问题投入了更多资金——向借款国额外提供了 200 亿美元贷款，允许用它们偿还债务，给美国银行提供了一个缓冲机会。银行业内无法解决这个问题；它只是多年来停滞在那里，一直到问题变得无关痛痒。

瑞斯顿真正改变了银行业——无论是好是坏。他从未想过以传统银行模式经营，他实现了自己的愿望，创造出一种新型的金融公司，该类公司可以凭空设想出创新的解决方案，诸如自动取款机，通过这些创新，他获得了巨额信贷。然而，他拓展了银行部门发展边界，通过对华盛顿的不正当影响，创建了规模空前的公司。最终他还是一位圈内人士，在财政部幕后操纵有关沟通与联系(他曾两度在该机构高级职位任职)，为了确保他的银行不受愚蠢决策的全面影响，他为此而兢兢业业。以这种方法，瑞斯顿成为现代银行系统的典范。

尽管瑞斯顿取得了如此成就，但是，桑迪·威尔才是对花旗目前组织架构最直接负责的人。威尔没有瑞斯顿培育新产品的能力，但是他的确具有交易和成本控制的能力，并且也近乎匹配了瑞斯顿在华盛顿的影响力。最初，在股票交易大厅，他以一名普通交易员的身份，开始了自己的职业生涯，他参与创建了一家小型经纪公司，之后成长为华尔街最大的证券公司之一——希尔森·勒布·罗德斯公司(Shearson Loeb Rhoades)，后来，他把公司出售给了美国运通。1986～2003 年，他完成 100 多项并购，创建了花旗集团，某种程度上，花旗就是个巨大金融超市，散户和公司都可以在这里处理自己的任何需要——银行业务、信用卡业务、抵押贷款业务、保险业务、投资银行业务、商业贷款业务，以及你能说得出的各种业务。决定性的时刻出现在 1998 年底，花旗公司与旅行者集团联姻，由威尔执掌公司大权,后来,由首席执行官约翰·里德领导。

为了完成并购,威尔和里德艰难地游说政府废除《格拉斯—斯蒂格尔法案》。他们多方寻求支持,包括银行业、媒体,甚至是一些政府人士,如罗伯特·鲁宾,克林顿总统的财政部长。极具讽刺意味的是,花旗或许是当年为通过《格拉斯—斯蒂格尔法案》出力最多的公司,现在又想废除它。试想,有一天,贝瑞·邦兹(Barry Bond)的孙子认为,有关竞技体育中药物测试需要放松一点,你可以想象到这种情况吗?

1998年,花旗与旅游者集团宣布合并;那时,它是有史以来最大的公司并购案。该交易的签署,不仅未等到废除《格拉斯—斯蒂格尔法案》的字迹变干,而且甚至当时还没有签字。鉴于该并购要整合不同的公司文化、技术和财务流程,因此,新公司架构庞大,整合极其困难。威尔购买的旅行者公司错综复杂,若干个独立公司紧紧捆绑在一起,这无疑加大了整合的复杂性。

尽管新公司有2位首席执行官——威尔和里德,还有3位董事会主席,但这都无济于事。由于花旗似乎为每个部门都安排了2位经理,我在撰写研究报告时,曾致电给诺亚方舟公司(Noah's Ark)。威尔制定了极具雄心壮志的增长目标,每5年公司利润翻1倍。只有在短期内,这种增长才有可能实现,即通过增加更多贷款,并且简化风险管理。威尔主要是通过并购来实现,而不是提升业已拥有公司的运营绩效。

我认为,新并购不会是一个良好的开端,并且,在客户报告中,我对此提供出尽可能多的建议。作为一种报复,该公司开始减少我与其管理层的接触,这种情况直到2003年才予以解除。

从2001年后期一直到2002年末,我明显被排除在花旗集团会议之外。我也不能获得任何与其管理层的会晤,甚至态度较为积极的分析师还得到了不止一次机会。后来,我的一名竞争对手在2006年获得威尔的授权,撰写了威尔的传记。几年前,我要求与花旗集团管理层会谈,曾听说过它反复说的一句话:为什么要占用我们的时间?

换句话说,我被挡在了花旗门外。与投资者的私人会谈中,我把花旗集团描述为拥有"经济影响力"——与规模经济截然相反——主要由于它有能力动用数万亿资产去影响媒体、监管机构、分析师及其他人,我觉得这种力量即将结束。

最终,2002年10月,我在自己的报告中撰写了一份免责声明,引起人们对该公司不公行为的关注。美国食品和药物安全管理局会在高风险新药品的包装上标示黑盒，提示风险，就像这一样，我希望人们关注这份免责声明。它写道：读者请注意，今年年初以来，分析师本人基本上没有与其管理层直接接触，既没有与花旗集团管理团队进行过一对一的会晤，也没有参与过花旗集团主持的投资者见面会的问答环节。

这最终引起了花旗公司的注意。几位来自大型共同基金的投资者打电话，要求花旗集团做出解释。连续几周发布带有该则声明的报告之后，我终于接到了花旗集团电话，通话中，对方问我，"怎样做，你才会删掉这则声明？"我获得了面谈机会，帮我更好地理解了该公司的战略，但是，对于该公司前景，我没有改变负面结论。那时，我建议说，公司是在用储蓄罐达到盈利目标，也就是说，它在从非传统来源中提取资金，弥补不良的运营绩效。当我最后与公司财务总监会谈时，为了打破僵局，我给他带了一袋饼干。

令我稍感慰藉的是，那些可能不让我接触花旗的人，并不会长期在花旗工作下去。2005 年前后，一名主席和投资者关系负责人辞职了。后来在管理层洗牌期间，那名在会谈时吃了饼干的财务总监，与之后首席执行官查克·普林斯之间产生分歧，也被迫辞职。当然，普林斯最后也没有干得很长。

事实越来越证明，我对花旗集团判断正确，但这对我没有任何安慰之意，因为该公司开始经历一系列大大小小的问题。2002 年，花旗集团把旅行者集团保险部门一块重要业务分拆了出去，因为它觉得该业务正在损害公司股价。该公司仍然存在不同系统和部门的整合问题。作为检查性研究的一部分内容，2003 年，我来到位于曼哈顿的花旗分部，询问是否可以申请信用卡。分部员工递给我一本小册子，让我拨打 800 电话。这表明银行业务和信用卡系统并不存在关系，销售力量也不协调。对这个金融超市来说，这种事情太多了。

在这段期间内，科技股荐股有关的分析师丑闻爆发了。花旗是违法人员的重灾区，付出了最大的调和代价，高达 4 亿美元，并且被迫解雇了几名分析师。同一时间内，安然和世通公司出现了内部失控，凸显了商业银行业务与投资银行业务的固有问题。在安然艰难度日的那段时间,它很难获得短期信贷来支持其日常公司运转,据说,花旗向该公司提供了一大笔借款,以换取未来接手其所有承销业务的权利。这表明,如果认为该公司会带来费用收入,一些投资银行家可以在任何程度上进行交易,甚至是僵尸公司。

在这些问题中,我进行了另一项预测:华尔街将会面临 100 亿美元的诉讼费。在当时,这是一个骇人听闻的数字,比任何历史上银行业丑闻的诉讼费都高。同事中,与我最接近的预测是几亿美元——要低一个数量级——并且,我后来发现,一些质疑者把我称做令人震惊的分析师。我知道,100 亿美元并不正确,但是,我认为不太精确的估值也会聊胜于无,因为投资者需要考虑极端但是仍存在可能的结果,或者说损失大笔资金的风险。

在花旗集团为其主要投资客户举办的一场会议上,我提出了自己的估计数值。该会议在纽约广场饭店举办,很多人出席了会议,首席执行官桑迪·威尔发表了主题演讲。我与自己的团队通过网络广播收听,这也是公平信息披露规则的要求,该规则要求公司向任何想收听的人提供会议全程网络直播。保证这些内部人不会相互勾结。威尔的演讲谈到了花旗集团战略和财务,在随后的提问环节,一名投资者问到,他如何看待“迈克·梅奥预测诉讼费会达到 100 亿美元”。

办公室里,同事们都惊奇地看着我。一个简短的停顿后,威尔说,“2 年前,迈克·梅奥来求职,没有成功,至今,我仍在为此付出代价”。听众们哄堂大笑;我认为这种反应是一种恭维。受到别人尊重远比受到华尔街喜爱更重要,至少,这种估计受到了人们的重视。事实上,尽管不断有人对 100 亿美元这个数字提出批评,但是 2 年后,人们才发现,这种估计最终证明是正确的,那时,很多华尔街公司由于丑闻而从其盈利中拿出了大笔费用。单单是花旗就支付出了 50 多亿美元。还有其他人,但宣传比较少——尽管并不令人生厌——跟随着进行了各种各样的预测。2004 年,日本监管机构指控花旗私人银行部门的员工进行不道德的销售行为,并且向某些曾经操纵股票的客户贷款。警告该公司自 2001 年来就一直在日本进行类似操作。日本的私人银行是一个很小的分支机构,甚至基本上没有什么收益,但是该报道上了全世界主要媒体的头版头条。首席执行官查克·普林斯不得不亲自飞往日本,向银行监管机构道歉,尽管如此,还是取缔了这个花旗分支机构在日经营许可证。

同一年，2004 年，花旗向欧洲送上了一份爱心，不到 2 分钟的时间内，交易员通过抛售数十亿美元债券，稳定企业债券市场，导致价格下挫，这样，半个小时后，他们以较低的价格立即大举买入巨额债券，捞取了1 800万美元的利润。这种交易策略被称为“邪恶博士”（Dr. Evil），取自于影片《王牌大贱谍》（*Anstin Powers*）中的罪恶分子的名字，但是，这并不是喜剧：该举动引发了另一轮负面新闻，并支付了1 000多万美元的罚金，理所当然，相对于花旗这些年的监管费用而言，这只是九牛一毛。正如《独立报》（*Independent*）所写的，观察该交易的英国监管机构说，花旗的“内控是玩忽职守的”，迄今为止，这业已成为其家常便饭。

当然，最近金融危机是所有这些问题的封装版——它是花旗长期、悲伤历史在 21 世纪的延续。我来回顾一下历史事件。

是财务诈骗吗？有待核实。20 世纪中期，花旗深度介入有毒抵押贷款投资业务，几乎超过了华尔街其他所有银行，为了追求尽可能多的高额费用，多数大银行会优先投资抵押贷款支持证券业务，接近市场顶部时，它还没有抛出。

是因为信息披露不透明吗？是的。次级抵押资产支持证券开始恶化时，在一次与投资者的电话会议上，该公司低估了其大约 400 亿美元的风险。那个事件的细节很复杂，但简要情况是，花旗对次级抵押债券进行证券化和销售，并为买方提供了所谓的流动性卖权，类似于退款保证。如果这些证券的交易市场出现问题，买方执行卖权，花旗要以事先安排好的价格回购那些证券。这是一个甜头，并且很有效——证券对买方更具吸引力，但是对花旗更加危险。

2007 年中期，投资者越来越想知道，银行在这些证券上的风险程度。在公司第二季度业绩发布会期间，管理层说，2006 年底以来，实际上，公司次级债风险下跌了 45%，达到 130 亿美元。它故意没有提及，另外 400 亿美元风险转移到哪里去了，由于流动性卖权、“最高等级”层次债券持有人以及其他因素，这些证券有可能会物归原主。

这种失察行为导致了又一场诉讼，这次来自于美国证券交易委员会，产生了7 500万美元的和解费。该诉讼强烈暗示出，鲁宾和普林斯，以及花旗其他几名高管，都知道损失越来越多，甚至是那些最高级别的资产抵押贷款也不例外，但是，并没有指控这些高管的违法行为。花旗辩护道，在 2007 年市场狂热时期，“它没有义务说明任何‘次级债风险’”，但是，它自愿向股东提供了一些相关信息，让他们有了“更具体的认识”。业绩发布会上发言的财务总监缴纳了100 000美元罚金，投资者关系负责人缴纳了 80 000 美元；没有承认任何不当行为，花旗也是如此。

接下来是哪一个？紧急援助。花旗获得了巨额紧急援助，被称为所有紧急财务援助之母，是银行业内最大规模的救助。事实上，这里应该用复数——因为它得到多次援助，很多情况下，联邦政府对其进行大规模直接干预，特别是因为，2008 年 11 月，国家最高监管机构确信花旗濒临破产边缘，这可能是正确的判断。信用违约掉期在公司债务中扩散——这是衡量某个公司即将破产的标准——之后迅速蔓延，单周倍增至 5%。不祥预兆是，全世界客户在加速撤出资金，这让该公司只能生存几周时间。为了提振公司财务状况，2008 年年底，美国政府注入了第二轮不良资产救助计划(TARP)基金，数额为 200 亿美元，仅仅出现在第一轮救助基金后几个月，当时，花旗已经获得了 250 亿美元。

监管者——美联储主席本·伯南克(Ben Bernanke)、美联储纽约主席蒂姆·盖特纳(Tim Geithner)、财政部长汉克·保尔森(Hank Paulson)、货币监理署署长约翰·杜甘(John Dugan)、联邦存款保险公司董事长谢拉·贝尔(Sheila Bair)——决定，必须不惜一切代价挽救花旗，他们精心设计了高达3 500亿美元的援助计划。其中包括 450 亿美元优先股投资(不良资产救助计划基金)以及3 010亿美元资产担保。花旗偶尔也从政府担保商业票据项目中受益。最终，花旗偿还了政府的救援贷款，但是，由于花旗和其他公司获得的救助，还有其他一些后续成本，诸如，它们需要较低的利率，这会减少储户存款回报，而且有可能继续维持低利率，直到 2014 年。

花旗悠久历史上，这会是规模最大的一次救助，并且，政府的措施成功挽救了公司的同时，其操作方式——随后的政府报告措辞中提到了对花旗的救助——是“明显的特殊安排”。监管者决定，花旗具有特殊的系统重要性，不能允许其破产，然而，对这种决定也没有客观的衡量标准。这是一种预感，主要是基于花旗的规模与经营范围，还有市场对雷曼兄弟公司倒闭的强烈反应。

此外，政府行为产生了一个明确的道德风险，因为，尽管人为推动花旗濒临绝境，却没有一个人因此遭受真正的处罚。最高管理层没有，首席风险官没有，交易员和经纪人也没有——没有一个人遭受处罚。一个不可避免的结局就是，联邦政府对像花旗这样的公司提供了实际上的支持，这给予了它们一个内在优势，因为政府行为帮助它们以更低利率借入了大量资金。尽管在该次金融危机中花旗股东没有失去一切，但也接近一无所有了。然而，债券持有人没有遭受类似命运。救助计划条款保证，他们的债券会保值，对所有花旗公司债务进行100%偿付。从现在开始，缺乏市场风险——美国联邦政府的隐性担保——至少部分反映在了公司资本成本上，比其他情况下成本更低。

最终，在公司历史上的众多事件中，软约束在这次金融危机中也起到了重要作用。金融危机期间，花旗之所以能够把自己置于如此多的风险之中，是因为它不仅忽视了自身历史先例，还对来自监管机构的警告置之不理。潘伟迪在2008年2月收到的信件，并非是货币监理署发出的第一次警告。早在2年前，2005年12月，花旗就收到过该机构的另一封来信，对其债券部门的过度风险发出警告，后来，又对公司进行的抵押贷款资产证券化发出过同样的风险警告。其他关键信件也会出现。2008年5月，纽约联邦储备银行——从美国货币监理署分离出来的一个独立机构——给花旗写了一份备忘录，要求花旗制定一份风险管理计划。公司并没有披露收到这些信件的事实，直到金融危机发生后；这些信件才被作为金融危机调查委员会的最终报告的附件，向公众发布出来。

换句话说，公司风险管理部门存在问题的消息根本不是什么新闻。它是一系列反复的演习，政府监管机构试图通过这种方式与公司保持联系，在无视问题根源的同时，花旗会千方百计变着法不让它们接近。为什么监管者没有做更多的努力呢？他们已经不堪重负了。正像有人说的那样，“花旗集团一个季度收入达到40亿～50亿美元，监管人员很难成功挑战它”。

这里，我知道，花旗不会有任何真正的改变：甚至在接受了多次救助后，通过政府强势介入一系列事件，才把它从几乎肯定破产的处境下挽救了回来，但是该公司仍然对批评声不屑一顾，即使这些批评并不是空穴来风。没有谦逊的态度，没有谨慎小心，没有承认错误，花旗在挥霍着自己的信誉，或许它必须更努力一点儿，让监管机构、投资者和大多数公众相信，它业已从自己的众多错误中吸取了教训，并确定自己不再重复以往的错误。

这是我采集的第一手资料，2010年大部分时间内，我都长时间与花旗对峙着，那时，我已经看得很清楚，该公司并不仅仅是在拖改革的后腿——这是在故意拒绝听取批评。

第八章　花旗，第Ⅱ部分

令人作呕的情节

维克拉姆·潘伟迪在2010年中所说的一些话，创造了新的荒唐纪录。7月业绩发布会期间，花旗正在讨论该年第二季度的营业收入以及未来财务目标。最近公司刚刚宣布了增长目标，对我而言，该目标似乎过于激进。这些增长目标并不是公司可以从帽子里变出来的数字——它们来自于一个漫长的过程，中层管理者要观察运营情况，并决定哪种增长率更为务实。这些数字结合在一起，经过高层管理者精炼，最后，在董事会通过，由公司首席执行官和财务总监签署生效。

早在几个月前，花旗集团在公司情况介绍中宣布了自己的目标，那是在2012年3月。具体地说，在公司介绍的第29张幻灯片上，列示了这些目标(我不会忘记这样的事情)。花旗集团目标之一——总共只有2个目标——是其花旗公司业务资产增长5%。这听起来似乎并不高，但是，如果你回顾银行发展历史，就会知道，制定基于资产增长基础的任何目标都是非常鲁莽的行为。对一家银行而言，贷款就是一种资产，这可以迷惑那些银行界的外行人。银行通过发放更多贷款增加其资产——本质上就要问“谁想要资金?”通过积极借贷，花旗能够暂时达到甚至超过该增长目标，这并不难实现。其中一个最主要的推动因素，曾导致了花旗在金融危机期间的各种麻烦：以安全和健康为代价竭力增加资产。

过去10年间，没有任何一家其他大银行制定这种积极的目标——在前首席执行官桑迪·威尔管理下，收入增长15%——正是因为这些目标，使得花旗陷入了困境。

同时，该公司正在遭受大数定律之苦。对一家拥有1.4万亿美元资产的公司来讲，制定增长目标时，增长5%意味着每年新业务增长700亿美元，相当于全美国GDP的0.5%。花旗集团的这种增长计划还是在全球经济低迷的背景下制定的。许多银行的增长——任何一家银行的增长——依赖于整体经济情况，甚至是最具天赋的管理者都无法控制。花旗5%增长目标就像一名棒球击球手在他还不知道投手是谁的情况下，就说在某场比赛中会4次击球打出3记安打。

因此，业绩发布会上的新目标，就是一个值得考虑的问题，难道不是吗？

我是这么想的。轮到我时(第6位，确实比我预计的次序要靠前)，我就该数字向潘伟迪提问。"在这么多的财务目标中，为何关注资产增长呢？"我问道，"尤其是，有人可能会说，花旗集团的资产在过去10年增长是否过于积极？"

潘伟迪的回答采用了刘易斯·卡罗尔(Lewis Carroll)逻辑："这不是目标，"他说，"这是我们认为会发生的结果，因为我们身处市场之中。"换句话说，该公司不仅是说，很多人说的话是一种误导，而且，甚至是其高管都不支持。相反，潘伟迪采用的方式是说，这不是一个目标，也不是我们追求的东西——我们进行了良好的定位，因此，只是增长的被动接受者。很好，犹如甘露从天而降。

业绩发布会上的这次交换意见，只是我与花旗集团长达1年对峙的一个环节。自2009年10月开始，我反复公布该公司所做的一些令人生疑的事情，并且，由于我胆敢提到这些话题，也反复被花旗故意忽视或惩罚。花旗的固执反应令我不解：在那个时候，如果一家公司想洁身自爱，你认为，在经过漫长的金融灾难后，它应该是这个样子吗？

我知道，花旗在基本会计准则上采取了一些高风险措施。关键是，花旗集团在其账面上有所谓的递延所得税资产。这类似于从美国国税局获得的信贷。如果公司在某一年亏损,未来盈利时,它就用这些损失去冲减其税单。

“这似乎像高尔夫球的加击,”美国国税局说,“好的,你今年情况很糟糕,但是如果事情有所转机,我们下一年就给你一个机会。”(顺便提一下,对散户投资者也有类似的概念。如果你买入某家公司的股票,出现亏损,你未来可以用这些损失来抵消资本收益。)在你使用这些信用之前,它们会保留在你的资产负债表中,顾名思义,你可以把它们视为资产。

2009 年中期,花旗集团的状况稍有不同。公司情况非常糟糕,坐拥大约价值 400 亿美元的税收抵免额,比其核心资产的 1/3 还多。美国住宅市场崩溃后,花旗在 3 年内亏损了大量资金,以致这种信贷成为公司所拥有的最具价值的资产。完全没错:那时,花旗最好的事情之一就是,公司经营异常糟糕。

这些税收抵免不会永远持续下去。它们也有适用期限,并且,如果一家公司连续 3 年亏损,花旗的情况就是如此,一般情况下,它必须减少资产负债表中的信用价值。公司要正式宣布,公司实际信用价值不再是 400 亿美元,其价值要小于该数值。一位会计专家告诉我,类似情况下,10 家公司中有 9 家会走到这一步。通用汽车是另外唯一一家拥有如此大规模递延所得税资产的企业,达到 530 亿美元,部分原因是,在经济衰退期间它经历了好几个经营环境残酷的年度。像花旗集团一样,它之所以幸存下来,只是因为联邦政府的干预,同时政府也取得了它大部分股权。像花旗集团一样,2010 年恢复盈利,只有一点点盈利而已,它不太可能马上就像以往那样赚取丰厚利润回报。

结果如何?通用汽车忍痛注销其税收抵免价值,从 530 亿美元一路下滑到 80 亿美元。那可是 450 亿美元的资产值。尽管如此,我们得明确一点——这些是账面损失,就像,你的住房估价是 X,几年后价值就变成了 Y。没人会从你口袋中拿走钞票,但是,你的资产价值减少了。我并不是说,这是一个快乐的经历,但是,也不会假装该数值比实际值要高。截至 2011 年底,花旗递延所得税资产,仍然是公司历史上最大的可自由支配会计项目。确实,2011 年 9 月,哈佛商学院认为,花旗的税务问题非常重要,还就此进行了课题研究。

花旗仍然无视其风险管理,公司的递延所得税资产状况只是另一个说明这种情况的例子。最终,我发布研究报告称,该公司或许会冲减 100 亿美元,大约相当于其资产值的 1/4。过去几十年内,我发布过数以千计的报告。有时,市场只是一副无所谓的样子,但这次却不是。

那天下午，全国广播公司财经频道报道了该报告。即使在像花旗集团这种规模的公司，总资产高达2万亿美元，100亿美元只是一种引起人们关注的数字，股价也开始马上下挫。当天收盘时，股价下跌超过5%。

这使我无法再从花旗赢得粉丝。如前所述，早在前10年，该公司就拒绝我与其管理层会面，那时，我对花旗持负面观点，其股票却在上涨，金融危机已验证了我对花旗及其他华尔街银行一些最糟糕的怀疑。但是，不知为何，我还是无法取得花旗内部人士的信任。相反，这只是使得他们更加坚持自己的立场。在2009年余下的时间以及2010年的大部分时间内，花旗集团拒绝与我会面，尽管它多次与其他的分析师进行了交流。

截至2010年中期，花旗正在忙于发布，潘伟迪之前否认的增长目标，以及联邦政府仍然持有公司25%以上的股份。这意味着，不仅仅政府是可能会被公司管理不当而伤害的股东，而且还包括了普通美国纳税人。

2002年与2010年之间的相似之处近乎怪异。对峙早期，我在参议院银行委员会听证会上为《萨班斯—奥克斯利法案》提供证词，这时，我认为，这是一个说出心里话的良机，意味着像花旗这样的公司不能再假装我不存在。

2010年1月，在金融危机调查委员会听证会首日，我出庭作证，来自高盛公司、美林公司、摩根大通和美国银行的首席执行官率先提供证词后，我第一个发言，用来检验他们的陈述发言。我说，过去10年间，太多的金融活动就像腐败的桑格利亚酒："大量廉价原料重新包装后，再溢价出售。短期内，这或许会尝到甜头，但是，以后你会为此事头痛，并且，你不知道里面到底装了些什么。"就在一刹那间，我觉得，我的观点会被认真对待，并且，花旗不能再故意忽视我了。我再次判断错了。

2010年4月，一位在对冲基金行业工作的客户向我证实，花旗是故意把我排除在外。电话中，他谈及了最近一次拜访该公司，之后又说，"看来你被那边排除在外了"。我震惊了——他们明显向他提到了我的状况。当我就此事向花旗询问时，他们坚持同一口径，说他们对所有分析师都一视同仁。

6 月,在波士顿一家大型投资公司大厅中,我真正接近了潘伟迪和他的高级经理团队。那天,我碰巧去拜访一些资金经理人,当我听说潘伟迪会出席下午在这里举行的会议。在会谈结束后,我就在大厅里的星巴克休息,拿了一根香蕉和一份奶酪,一直等到他出现。

突然,我看到潘伟迪和他的团队走进来。我斜穿过大厅,快步走到十字转门前,拦住了他们。我叫到,"维克拉姆(Vikran),"伸出手,"我是迈克·梅奥。"

他微笑着与我握手,并且问道,他可以给我提供什么帮助。在这儿,我应该指出,至少在结束时,这些都不是个人问题。潘伟迪似乎是一个真正的好人——有思想,也很乐观。就外貌而言,他似乎比世界任何一家银行的首席执行官都更像一名高级研究员。

"我想进公司和管理层会谈,"我说,"等了将近 2 年了。"

潘伟迪环视了一下周围的高级经理。"大家都听懂了吗?"他问道。之后保持着沉默。"就这么定了。你会有见面交流的机会的。"

我可不能就这样算了。"我已经听到这句话有 1 年时间了,"我说,"这么长时间里,我从未得到过确定的日期,并且,把这句话记下来会有所帮助。"

潘伟迪只是神秘地微笑了一下,带着他的团队向电梯走去。我当时很天真,但是,老实说,我认为这次已经板上钉钉了,因为这是他亲口答应我的。当我洋洋得意地回到家把这个消息告诉妻子时,她说,他这是在回绝一个令他讨厌的人,并且,我就是那个令他讨厌的人。我并不同意这种看法。我得到了亲自许诺,四目相对,这是一种意见交换,几乎确定了时间与地点。

我妻子说对了。又等了 2 个月,事情没有任何进展。7 月,在一次业绩发布会上,花旗回答了我的第一个问题,与其公司发展前景有关。之后,当着发布会上数百名投资者的面,我又问及关于会谈事宜。仍然保持沉默。夏季结束时,我真是受够了。我与几名税务专家进行了交流,他们觉得递延所得税资产上相关规定很清楚——并且,花旗并没有遵守这些规定。我发现,美国证券交易委员会也已经调查这个问题,由不良资产救助计划委员会检察长负责。美国证券交易委员会前首席会计师林恩·特纳(Lynn Turner)就递延税项资产表示"花旗的立场既让人难以想象,也不符合逻辑"。其发言被《金融时报》引用。

不久,媒体报道了这件事,包括福克斯商业新闻频道和美国全国广播公司财经频道。一些报纸媒体,如《华尔街日报》,也撰写了相关文章。《纽约邮报》宣称，“花旗与分析师不和的面纱被揭开了”，该报道把我称为“粗鲁的研究员”，以对抗公司而引以为豪。一名《华尔街日报》博主说：“梅奥先生有权提出质疑。他研究花旗的时间比任何一名花旗经营者都要长。”

最终，花旗集团软化下来，在报纸上说，“国际劳动节之后”安排与我会面。起初，公司拒绝确定具体日期，知名商业记者和福克斯商业新闻评论员查理·盖斯帕里诺(Charlie Gasparino)开玩笑说：“花旗说他们会在劳动节后与迈克·梅奥会面。只是没有说是哪一年。”

直到10月1日，我才最终与他们见了面。我感到惊讶的是，《纽约时报》的报道中，甚至还提到了我所选择的领带。

那个周五早晨，我4:30起床，在健身房拼命地进行引体向上锻炼。下午将近13:00的时候，我与9名投资人会合，这是花旗允许我带的。我们聚集在派克大街399号花旗总部的大厅里，然后，乘电梯来到二楼会议室。财务总监绕过会议桌，与所有人一一握手，紧随其后的是首席执行官潘伟迪。这是我第一次见到财务总监本人——这是花旗过去10年里的第6位——同时，他目光游移不定，不与任何人接触。

开始，我说“我到这里是来学习的”。我提出自己关心的一些问题，他或许会了解其中大部分问题——除了新闻报道以外，我提前制定了一份问题列表——但是，我解释道，在我们沟通这些事情之前，我想听听公司发展状况。潘伟迪讲了一会儿，主要是公司正在进行的重组，销售业绩不佳、在发展中国家市场的增长等。

轮到我发言时，我再次向潘伟迪问及公司资产增长5%的目标，公司3月份的幻灯片演示中曾出现过，并且特别把5%标成了公司目标。他没有回答。会议室内另一位花旗经理反过来问我，“你读过相关文字记录稿吗?”我说读过，之后，他大声复述了业绩发布会文字记录上的相关内容，声明那并不是一个目标，而是市场的自然结果。

该经理接下来解释说，公司的真正目标是同一张幻灯片上的其他目标：不是资产增长，而资产回报率(ROA)达到1.25%～1.5%。这也非常高——历史上，银行资产回报率大约是1%，最近花旗的资产回报率接近0.9%。但是，该公司想方设法卖掉业绩表现最差的业务，并且为了达到该数值，只留下盈利状况良好的业务。正如我在研究纪要中所写到的，这就像在打高尔夫球过程中，剔除5洞最差得分，而基于剩下的13洞预测未来分数。现实情况并不是那样的。

余下的会谈情况如出一辙。我向潘伟迪提问，其他管理者来回答，丝毫不会做出让步。部分谈话较为轻松，有时候，我们甚至会发出笑声。但是，大多数情况下，谈话比较紧张。最后，我问道，为何要让我等这么长时间才得以会面。花旗高管过去几个月给出了各种理由。我强烈地感觉到，找到我被冻结背后的原因，也许会让我洞察出一些他们在公司治理方面的不足。他们已经对媒体机构说过，他们并没有把我排除在外；只是我必须得等待属于自己的机会。他又抛出其他一些概念，告诉媒体我的公司规模不够大，在华尔街也不够出名，尽管它在亚洲十分著名，而花旗已经把亚洲确定为最有前景的市场。

但是，当我现在谈及此事时，潘伟迪低下头，没有回答。一名花旗经理表示，这并非该次会谈的主题，还说，我们可以再约时间谈论这个事情。"后来，我们处理了那件事情，"该经理说。之后，我正视潘伟迪，提醒他，我们在波士顿的遭遇，希望马上得到一个答案。停顿了一下，他说，"我们继续吧"。我立马意识到，自己无法得到答案，只好转移话题。

大约1个小时后，会谈结束。所有人再次握手言别，客户们高兴地离开了。我提出了自己关注的事情，花旗对此避而不答，但是，至少我更好地理解了他们的想法，并且，我们最终走到了同一个房间内。

我回到办公室，开始着手为一篇客户报告撰写备注，这时，我打电话到花旗澄清几件事情，也正是在该次会谈中出现的事情。我再次提到沟通问题——他们告诉我，以后可以专门讨论该问题，然而，我仍然没有得到答案。为什么花旗会让我在如此长的时间内无法接触呢?

通过电话，我得知另外一个原因，也是最令人恼火的原因。在2年多时间内，我无法与其管理层会谈的真正原因是，他们向机构投资者要了一份具有影响力分析师的名单，而我的名字并不在名单之列。我非常生气。我眼前闪过自己的整个职业历程，撰写了1 000多页的研究报告，对之前10年的花旗及银行业提出批评，对该公司发出过成功的买卖信号，甚至当时连首席执行官都被认为是不可捉摸的，我遇到极大困难，在进行研究工作的公司，甚至办公的地方。对于该评价，其内在含义就是，我不擅长于自己的工作——花旗没有问题，有问题的是我。对我来讲，这是压倒我的最后一根稻草。

在华尔街工作 20 年后，花旗却认为我的工作毫无用处，这令我勃然大怒，甚至发出了尖叫和咒骂声。

“你把这句话带给首席执行官，”我喊到，“并且，你告诉他，我说过，花旗曾告诉一名投资者，我被排除在外了。你把这告诉他！”

这是违反职业道德的，完全不可接受，这不是什么让我感到骄傲的事，但是却是事实。有些事情超越了底线。

“迈克，你生气了，”一名花旗员工说，“迈克，冷静一点儿。”

我又喊叫了几句，甚至自己也不记得说了些什么，之后，我意识到那个人说得对。几年前，前任老板对我说过一些话，现在回响在我耳边：你与公司对话时，应该就像对方在记录你的声音一样。尽管它们几乎不会这样做，但是你应该照此进行谈话，这会提醒你，避免说一些今后令你后悔的话——这正是我刚刚的不理智行为。

我冷静下来。继续通话，重新谈及公司业绩。我问了一些问题，他们进行了回答。我对其中一些回答并不满意，但是，至少他们有机会提供公司那边的看法。最后，我放下电话，开始撰写报告，接下来专门阐述花旗问题。撰写报告又将占用整个周末。

其杀手锏是，会谈后仅仅过去几个小时，花旗集团在《纽约时报》发表声明，企图在我发布报告之前，就否决掉它。显然，就在几个小时前，潘伟迪还说了“继续下去”的指令，但是花旗并没有遵从。这种事情可以说史无前例，在我职业生涯中从未遇到过。

但是，事情并没有到此为止。4 个月后，2011 年 2 月，公司发布了新的高级管理人员薪酬方案。在总统纪念日前一个周五下午，花旗银行宣布了这一消息——当公司必须披露某些信息，但又不想引人关注时，这是一种典型的策略。

为什么要在监控下面偷偷摸摸地做这种事情？激励奖励门槛低得离谱。管理层必须达到年度累计税前总收入 120 亿美元，花旗集团那部“优质”资产，称为花旗公司的，几乎就占到了一大半。(公司余下的大部分股份，与所有不必要的东西，都分拆到了一家独立的公司，叫做花旗控股。)120 亿美元的门槛，或许听起来很高，但是，最近 2 年中，每一年的销售收入都大约是该数值的 1 倍。至于潘伟迪，几个月后，在 5 月份，他的薪酬条款达成了，我计算了一下，如果花旗仅仅达到了那段时期的预期收入，他就可以得到 4 300 万美元，并且，只要在一两个季度后，就有资格获得激励性奖励。

换句话说，花旗高级管理团队可能获得巨额业绩性奖励，但是其量化标准只是平均数，包括利润值，都低于之前 2 年公司所能达到的数值。这不会有激励效果。这就像在一个赛季中只赢得了 50%的比赛，就发给扬基队总教练一笔巨额奖金。

一些银行和其他大公司制定了追回条款，如果管理者的决策之后导致了问题，那就该条款允许公司收回他或她的奖励。花旗也设置了类似条款，但是，它没有什么约束力。2013 年初，高管们会得到其 2/3 的奖金金额，一年后再得到剩余部分(减去 2013 年的损失)。如果之后出现任何问题，不承担任何责任；管理者可以保留其所得。这意味着，如果在 2014 年或之后，新贷款或投资经营不善，当前花旗经理人可以把他们的奖金带走，就像最近危机中所出现的情况一样。

该公司并没有改变，也没有从其历史中吸引教训。首先，我强调一下，早在 1999 年，公司就有薪酬方案问题，当时，与其他任何大银行相比，它提供了更多有竞争性的股票期权。期权可能是一种有用的工具，但是，它们也可能使员工在短期内承担过度风险，仅仅想把股票价格推升得更高一点儿。并且，对花旗来说，它支付给高管的薪酬相对于业绩已经严重失衡。从 2000～2009 年，与除高盛公司之外的其他银行相比，花旗首席执行官们得到的薪酬激励更加慷慨，但是，在这段时期，所有大银行中，花旗股票迄今为止表现最为糟糕(在潘伟迪任期内，下跌超过 80%)。这个例子说明，旨在提振资产增长短期思维与几个季度或一两年的股票表现，为什么会在长期内产生相反效果。

在薪酬方案招致不可避免的批评之后，迪克 · 帕尔森(Dick Parsons)，花旗现任董事会主席，过去 10 年在薪酬委员会就职，2002～2007 年担任主席，他来到美国全国广播公司财经频道，为潘伟迪的薪酬辩护。帕尔森提到，2009 年和 2010 年，首席执行官仅仅领取 1 美元的年薪。“几乎可以基于任何理由，”帕尔森说，“维克拉姆·潘伟迪最近几年，每年基本只领取 1 美元薪酬，即使不是独一无二，这在美国也是最少的，生产性员工还有一份业绩一份回报呢。”

但是，我并不接受那样的辩护，因为潘伟迪在只拿 1 美元年薪之前，曾获得过丰厚的奖金——2008 年，大约是3 800万美元，另外还通过将其对冲基金 OLP 出售给花旗获得 1.65 亿美元。该基金本身就是一个传奇——2006 年，潘伟迪退出，次年，花旗买进，在此期间，它的回报并未给人留个深刻印象，6.5%的回报率低于行业平均值。其售价为 8 亿美元，其中，潘伟迪拿走 1.65 亿美元。该交易仅仅完成一个月，金融危机就爆发了，该基金开始出现亏损。2008 年中，由于该基金表现不佳以及长期投资者赎回，最终关门大吉。

换言之，尽管从技术层面上讲，帕尔森是正确的，但是，当你考虑到，潘伟迪在花旗任职 4 年期间，已经获得 2 亿多美元，这时，就会发现帕尔尔森的论点有点站不住脚。

帕尔森在美国全国广播公司财经频道露面时，还有另一番著名言论。“我们重新在银行业内立足，”帕尔森说，“很多原因是由于维克拉姆和他凝聚起来的团队。”但是，这也不完全正确。花旗重返银行业的很大一部分原因要归功于联邦政府的救助。

再次重申，对潘伟迪这样水平的首席执行官领取巨额薪酬，我毫无异议。我只是觉得，他们应该获得这些，但不是通过情报信息、努力工作或善意——我确信潘伟迪有资格领取该数额的薪酬——但是，随着时间流逝，应该给公司带来持续增长，稳定的风险管理，并且为公司的长线投资者赚取金钱。还有，和薪酬激励机制挂钩的，应该是合法绩效。

但是，这里有一条底线。当前市场环境中，我认为像花旗这样的公司永远都不会改变。为什么会这样？我继续观察利润变化——首席执行官或许在几年内离职，公司也许会再次重组，新的一批人会进来，然后告诉每个人，这次事情会有所不同。但是,这并不会从根本上改变公司的特质。

直到今天,花旗还有大营销活动,会谈及"新花旗"这个话题,但是,这只是问题的一部分——公司业已发起重塑活动将近15年了,1998年大并购以来,或大或小,并没有停止。根据相关记录,"新花旗"似乎非常像1998年之前的老花旗,那时这些并购都还没有发生。经过10年并购,公司现在正在努力剥离大量资产。这对投资银行家是一条致富捷径——他们从买卖双方都可以得到酬金——但是,这种方法不适用于银行经营。

某天,类似的业务失败又反复出现,公司会得到什么?我毫不怀疑,这会带来无穷无尽的苦痛,不仅对投资者,而且对企业员工、客户,以及与该公司直接相关的所有人,都是一样的。但是,它也将超越美国国会40年来精心设计的监管规则,或者财政部所提供的救助,因为它将证明,风险伴随分歧而生。人们可以争论诸如不良资产救助计划等方案的价值,很多人辩称,这稳定了美国金融系统,使得房地产危机带来的损失最小化。但是,没有涉及一个事实,那就是,华尔街很多高管获得了巨额财富,其手段就是公司的巨额赌注,之后,在这些赌注开始变坏之前退出。一些赌注损失被社会化了——由纳税人分担。

早在2008年11月,在高级监管者忙于谈判期间,前联邦存款保险公司主席希拉・贝尔(Sheila Bair)就完整地总结了我的质疑,当时,他们正在起草对花旗集团的第二轮救助方案。这是该公司史上最黑暗的日子,贝尔在犹豫,是否要加入并拯救这个她认为千疮百孔的公司。"我认为,这并不会修复花旗,"她说,"并且,除非你能制定出稳定局势的方案,否则我们还要回到这里,开出更多支票。我们都需要对该机构的潜在问题更现实一些。不仅仅因为市场在出现问题;这个机构本身就有一些非常特殊的问题。"

几个月后,贝尔在随后发给花旗监管者们的电子邮件中,仍然持有这种观点。她写到,该公司需要"更高级的银行管理经验",这就意味着,要改变"公司的上层架构"。

我完全同意这种观点。贝尔的担忧只出现在危机结束之后,但是,事后,她的担忧似乎越来越正确。历史表明,正如贝尔所预测的那样,美国政府再次为花旗开出了大额支票,或许这本来就是早晚的事。更多的救助仍在进行中,这是为了华尔街大多数银行,但特别是为了救助花旗。这只是一个时间问题。

我与银行的关系,有点像电影《唐人街》(*Chinatown*),杰克・尼科尔森(Jack

Nicholson)扮演的侦探揭发了洛杉矶多起犯罪活动，却无力整治。该部著名影片最后进行了总结，一个人转过来，对他说，“忘掉吧，杰克。这是唐人街”。毕竟，这么多年来，我多次拍案而起，向世人倾诉花旗集团所做的坏事，他们却让它一次次侥幸过关。

金融危机中真正离谱的事情，并不是发生了金融危机。毕竟，一些人在华尔街上挣了很多钱，他们无法拒绝挣快钱的诱惑，会把个人利益置于公司及整个金融系统长期健康之上。不，花旗真正离谱的事情是，在其悠久历史上所有导致问题的因素，尤其是过去 10 年——可疑的账目、奖励与风险脱钩、过高的高管薪酬——现在这些仍然存在，这就像我们一无所获。忘掉吧，迈克。这是华尔街。

第九章　更好的资本主义模式

不到10年前,在离华尔街不远的市中心建筑中的一间普通办公室,我参加了一次奇特的会议。我会见的人是纽约州立银行局(New York State Banking Department)负责人。该机构监督和管理着一些世界上最大的银行。每家在纽约获得州立特许经营的银行都要听从该机构,并且,它反过来会与其他监管机构共享信息。

这种角色的原型,应该是一位保守的中年官僚形象,腆着大肚子,身着邋遢的西装。事实上,该监管者却是一位温和、亲切的女士,她是6个孩子的母亲,之前是高盛投资银行家,她感谢我能来此看望她。该负责人要求与我会面,是因为她想听听我对银行业风险的看法。那是在21世纪初,安然事件发生不久,科技泡沫破裂后,世通和其他一些公司纷纷破产。在这些公司融资业务中,一些华尔街银行发挥着关键作用,罚金、和解金以及其费用,使得银行付出了数十亿美元代价,更不用说所遭受的名誉损失了。安达信—— 一家帮助安然公司处理财务的会计师事务所,也遭受了灭顶之灾,并且,《萨班斯—奥克斯利法案》不久即将实施。就在这个节骨眼上——有点儿类似于美国当前现状——我们从金融灾难的废墟中爬出来,说"哇,我们如何才能防止这种情况再次出现呢?"

我身穿崭新的细条纹西装、白衬衫,较为保守的红色领带,尽量看上去庄重一些,或者说,至少要适合会见这种级别的政府官员。自在美联储工作以来,我就把监管者看成银行系统的核心要素,并且,我也很尊重他们的工作,在艰难的条件下,取得了许多令人称赞的成果。某种程度上,我出席该会议,希望看到该负责人如何利用她的权力控制最近发生的权力滥用事件。

我与她会面时，双方相互问候，然后开始交谈。她团队中的另外几个人也参与了交流，这时，我开始阐述自己的主要观点。

“大银行中的风险比我们看到的还要多，”我说，“这个问题涉及向贷款人所做出的承诺，即银行不会减少贷款。我在报纸上看到一篇报道，当施乐公司遇到巨大财务问题时，仍然继续从银行获得信贷额度，这时，我开始首次关注这种事件。”

她让我来解释一下。

“好吧，安然公司也是类似情况。”我说，“安然破产之前，它仅在一个月内就从银行获得了30亿美元。我想知道，它为何能够做到。这似乎很奇怪，银行会允许这种事情发生？之后，我发现，按照既定的贷款协议条款，他们别无选择。他们已经被信贷条款锁定了。”

事实证明，那时，金融业大约有5万亿美元未使用信贷额度承诺，规模仍然极为庞大。通常情况下，银行会在前端收取费用，但是如果信贷变成不良资产，之后就会付出代价。收入预先获得，但是风险仍高悬其上。我之所以指出这一点，是因为有些事情值得调查研究。

我们谈了一阵子，会谈即将结束时，她补充说了一些令人吃惊的事情。这几乎就是个附带谈话内容，当我们沿着走廊前行时，她说：“按你的话说，事实上，银行或许更会倾听你的话，而不是我的，因为，你可以让它们的股价波动。”

我惊讶得说不出话来。职业生涯的这个时刻，我已经积累了足够的名气，所说的话也有一些分量，偶尔，也可能会影响到我所研究银行的股价。但是，我觉得，大多数银行不会倾听批评的声音。在最好的情况下，它们不做任何回应，甚至不公开回应。在最糟糕的情况下，它们会公开采用各种手段减少批评的声音，比如向更为积极的分析师和媒体提供选择性信息。

换言之，我希望她对该事件中的监管者给予一些保证，并且，她对我说，她认为市场是一个更强有力的工具。这就像一个在高空旋转即将落下的球，两名外场手眼瞅着飞球落到两人中间。

在某种程度上，10年前的交流概括了基本问题。解决银行业问题，我们是应该更多依靠政府监管，还是让市场自己寻找出路？制定更严格的法规，还是更多依靠资本主义自身的运作规律？现在，我们两头都极为糟糕。据称，我们现在的资本主义，很多规则并没有严格执行，当情况变糟时，政府就会介入，保护银行免受最糟糕决定所带来的恶果。对我而言，这不是资本主义。

我能够理解监管方面所存在的一些问题。如果我们监管到位，本来可以限制金融危机的危害程度，这包括数千亿美元的救助计划，以及数百万人由于丧失抵押品赎回权而失去了房产。但是，如果监管太强硬，我们可能会丧失信贷方面的创新活力，金融业也会成为一潭死水。过去一个世纪中，我们的经济可能不会如此迅速的增长，或者说，可能也不会像今天这样剧烈波动。

此外，监管的真正问题在于效果不好，部分原因在于监管部门考虑问题时总是事后诸葛亮。当今的金融体系，其复杂程度几乎达到令人眼花缭乱的地步，变化之快更是让人目不暇接，而监管部门的新规定，往往都是针对解决某个具体问题。他们禁止某类证券或某类交易，而不是制定更重要的治理原则。

2010 年，国会颁布《多德—弗兰克法案》(Dodd-Frank Act)，这是一个很好的例子。新立法大约2 300页，是一种解除“具有系统重要性”金融机构的机制。(当我写下这些文字时，银行正在与监管机构争论，如何实施这种复杂的规定。)然而，撇开这个过程不管，很多人相信，华尔街银行仍然太大，并且联系也过于紧密，而且，如果它们再次陷入困境，联邦政府还得像以往那样，介入其间，帮助它们继续运转。最近，在我主持的一次会议上，我把这个问题抛给了听众：美国银行会不会由于规模太大而不能破产？这些都是成熟投资者——对冲基金经理和金融企业高管，其中 96%的人回答说，是。你可以写下自己想要的所有规则和细节，但是，归根结底，政府能够临时取消哪些规则，或者是改变它们，最终结果都一样。让这些机构中的任何一家倒闭，这种痛苦总是过于剧烈，对政治家和我们的政府而言，他们无法忍受。

与之相关的问题是，监管偶尔也会引发令人意想不到的后果。银行可以向用借记卡交易的商店收取费用，《多德—弗兰克法案》削减了该费用。正如您可以想象的，银行不会就此善罢甘休。该费用总额每年会达到数十亿美元。相反，它们从其他地方弥补回来——最有可能通过向消费者收取其他服务费用，比如开支票时的额外收费。有没有底线？现在，消费者要想方便地使用借记卡，就得付出更多费用。这就是——面对现实来说——政府规定的价格，并且，这也说明，从长期角度来看，为什么像这样的措施无济于事。麦当劳能够决定如何对巨无霸收费，如果政府设定了价格上限，过不了多久，薯条价格就会上涨，用以弥补巨无霸的价格差。

自动取款机费用也包括在该范畴之内。总会有人提出这个问题——你使用另一家公司的自动取款机时，就得支付 2～3 美元费用，一些消费者团体开始要求政府监管这些费用。这并不合理。该费用完全透明，银行每一次都会问，你是否想付这笔费用。如果不想付，那就去找另一台机器，或成为该银行的客户。真正威胁到消费者的是，我们看不到这个费用，也没有被问及此事。银行一直会对科技项目投资，并且，大部分项目不会成功推出。自动取款机是一项千载难逢的成功项目，因此，银行有权收取任何市场所能承受的费用，毕竟，它们提供了一种便利。

早在 15 年前，我就有过亲身体验，这让我想起了没有银行机器时，生活会是什么样子？20 世纪 90 年代末期，我和杰姬到加拉帕戈斯群岛旅游，我们在厄瓜多尔首都基多停留了一天。那里，银行系统还没有应用自动取款机，我们经过基多街角的一家银行，看到人们排着长长的队伍等待取钱——毫不夸张地说，队伍排出了大门，在该建筑外整整绕了一圈。安全警卫人士手持冲锋枪，全副武装。这就是没有自动取款机的生活——每次，你需要 20 美元，或者想兑现支票时，就必须排队等候(尽管在银行大厅里不会看到冲锋枪)。随着现代科技发展，“去银行”不再是“去邮局”和“取干洗衣物”那样的苦差事了。

就像我想信任监管一样，我认为，更有效的解决方式应该是，让市场依靠自身规律运作。这并不意味着完全取消法规——让银行体系进入蛮荒时代，听任血流遍地，坐视消费者一次又一次地被欺骗。相反，我认为，我们需要更好的资本主义模式。我们需要文化上的转变，抑或是时代转变，从而迫使企业必须更严格地按照经济本质，遵守会计规则，而不是只做表面文章。20 世纪 20 年代以来，我看到，很多公司用尽各种各样的会计伎俩，美化其财务报表，通常使用诸如“补偿”、“解除抵押”这些词汇，还有——我最喜欢的一个词——“重新调整”。事实上，这可能极为简单，只要敲击键盘就可以实现更多营业收入。

令人遗憾的是，即便 2011 年，一些银行仍没有详细地披露它们可能受欧洲金融危机影响的证券和贷款规模。解决银行问题，关键是要增加透明度，让局外人看清楚真相。这对鼓励公司遵守规则精神大有裨益。我认为，应该放松对银行的监管程度，但是要让其结果更加公开、更加透明，并且更容易理解，而不是努力控制银行的所作所为。并且，当银行犯下错误时，应该让它们为此负起责任。

我喜欢简单行事,因此,我认为这就是 ABC:“A”代表更好的会计标准,保证公司不篡改账户;“B”代表破产,如果公司陷入困境,就要承担相应责任;“C”代表影响力,保证公司不会支持内部人而反对外部人。

会 计

简言之,美国所有10 000家左右上市公司,必须遵循同样的会计准则,这是由一家叫做美国财务会计准则委员会的私营部门所设定的。遗憾的是,尽管在公司规模和复杂性方面增加了大量内容,但这套准则是基于陈旧的、长达数十年的会计方法。该准则需要经验丰富的专家才能理解和解释,并且,其中有巨大的灰色区域,存在很多可供创造性解释的空间。结果就有点像高尔夫球手决定自己如何保留得分。除非你知道在第 5 洞沙坑到底出现了什么情况,否则他们最后公布的数字就没有什么意义,并且,几乎不可能说出谁好谁坏。

以我们目前所拥有的技术,仍然不能肯定地说,一家公司报告的数字是否肯定准确。21 世纪初期,这就帮助像安然和世通这样的公司掩盖了问题,还有伴随而来的雷曼、贝尔斯登、华盛顿互惠银行、美国国家金融服务公司、因迪美、房利美、房地美,以及其他所有问题公司,过去几年里,它们要么倒闭,要么减价出售其资产。表面上,所有公司都收到了公司健康运营证明文件。问题都隐藏在它们的财务报告中,就像把说不清来历的牛肉冒充成美国农业部认可的优质牛排一样。

对金融体系造成的最大威胁,或许是我们现在还无法预知的事情。我们坚信,它就在身边,像孢子菌一样潜伏着,隐藏在大银行财务状况的暗角内,但是投资者还没有发现。考虑到这些银行中大多数都进行极为复杂的交易,并且业务结构庞杂,还要根据业务安排转移数十亿美元,一些更为严格的标准将会大大有利于消除灰色区域,让投资者明确地认识到,与同行相比,每家公司实际经营状况如何。

例如,2009 年,一家大银行引人注目,它从某个会计项目中转移了巨额抵押贷款证券,把当时的市场价值与另一个会计项目挂钩,而操作时仍按原始全额价值。之后,2011 年,随着这些证券价值开始上涨,它把其中一部分证券又重新转移回来,结果,就实现了盈利。这并不违法,但是,这种操作表明,银行在如何记录其资产价值方面,有着高度自由的决定权。

同样,雷曼利用可疑的会计操作部署了一项臭名昭著的策略——称为"回购105"(repo 105)。这是一种复杂的操作方法,但总归是允许公司在每个季度末将资产从财务报表上转移走,之后,在进入下一个季度后几天内,再将这些资产购回。结果,财务报表看起来比其实际情况表现得更好——人为提升的数值约为 500 亿美元,这是一种地地道道的门面粉饰——几个月后,2008 年 9 月,雷曼破产了。

小银行可以更具创造性。2010 年 11 月,一家名叫威明顿信托银行(Wilington Trust)的区域银行被出售了,作为尽职调查的工作内容,收购者(M&T 银行)检查了它的整个贷款投资组合。仅仅在 11 天的外出搜集情况的工作中——11 天!——M&T 银行发现,威明顿信托银行账面问题贷款比该银行之前所披露的数额增加了 50%。结果,威明顿信托银行的价值远远低于之前所显示的会计价值。事实上,它的账面价值就是减去一半,也不会出现太大的误差。

这些都是极端情况下的案例,但也肯定不是孤立事件。金融危机期间,由于执行灵活的会计准则,使得很多问题资产并没有暴露出来,2011 年中期,我估计银行仍然会因此而损失大约3 000亿美元。

两个关键原则将会有所帮助。财务报表应该反映交易的资产内容,而不仅仅是法律技术细节。例如,雷曼公司的"回购 105"交易,并非是要永久地改变证券所有权。相反,他们只是让财务报表看上去更漂亮一些。在会计领域,曾有一个规则用以防止这种弄虚作假的舞弊行为,但是,在 1993 年被废除了。尽管标准已经更新,防止出现像雷曼公司这样的特殊状态,但是我还是呼吁更广泛的改革,使得处理类似交易时,会计能够显示出真实发生的情况。

鉴于规则制定者不可能编制足够多的规则,涵盖每一次潜在交易,应该建立一个更广泛的原则,即银行必须披露重要信息。对"重要"一词并没有一个精确的定义,它是指任何对公司财务产生重大影响的事件。但是,在当前规则下,管理者能够轻易地拒绝提及一些重要的信息。

例如,如今,多数大银行都面临着很多与抵押贷款相关的当前和潜在诉讼,这些抵押贷款最初由它们形成,之后又出售给了其他机构。然而,银行不必记录所有这些贷款的潜在成本,包括法律费用、和解费以及裁决费,直到他们非常确定这些成本真正产生,并且能够很精确地预测到金额为止。结果,在这个过程中,成本很晚才出现。

审计师是问题的另一个重要方面。会计师事务所需要在银行内部财务报表上签字确认。当前,只有4家主要的会计师事务所,源自于20世纪90年代的8大会计师事务所——毕马威会计师事务所、安永会计师事务所、德勤会计师事务所和普华永道中天会计师事务所(原名普华永道会计师事务所)——他们应该作为第三方,客观地审计会计流程。然而,审计师有权说一切正常,甚至在事情或许存有疑问时,也会这样说。这源自于内部利益冲突,因为审计师的聘用、解雇以及薪酬,都直接与他们所评估的公司有关。特别是,审计委员会把他们带进来,其本身就附属于董事会。

这些审计是非常大的项目,会产生巨额费用。例如,2010年,美国银行(BofA)审计及其相关费用支付了1.07亿美元。通常情况下,这个过程包括花费100 000~400 000个工时仔细检查公司账目,所有时间和精力的结果,却是稍有点平淡无奇:三段或四段结论描述,与前一年几乎完全一致,并且,95%的公司结果都相同。花费大量的时间和费用,只是为了一份简短的声明,即一份充斥着法律术语的官样声明。以美国银行为例,声明共计568个单词,每个单词价值188 000美元。审计操作结果就是,通过/未通过,每年的审计中,几乎所有公司都可以通过。安然通过了,雷曼通过了,威明顿信托银行通过了。对第一个学期的大学新生来说,这个通过/未通过模式或许是一种理性的方法,但是,大型金融机构应该有一个更微妙的分级系统。

由于这些高额费用,很多审计公司与被审计公司建立了长期关系。过去41年间,花旗集团多次改变公司名称,但是它仍然聘用同一家会计师事务所——毕马威会计师事务所。这种关系可能超过了两家公司中所有任期内的员工。

安然丑闻曝光后——安达信未能发现该公司存在的问题——2002年,《萨班斯—奥克斯利法案》创建了一个新机构，叫作美国上市公司会计监察委员会(Public Company Accounting Oversight Board，PCAOB)，专门监督审计师和4大会计师事务所。这是一个非营利组织，并且，迄今为止，在大多数时间内，它一直努力着手处理各种问题。但结果并不是很好。

美国上市公司会计监察委员会检查了2 800次审计结果，发现了数百个错误。在某个案例中，审计师知道，正在接受审核的公司夸大了其营业收入，但是，为了避免修正——准备如何做呢？——增加50%的容错率。如果数值不在参数范围内，就改变参数！该公司作为这家审计公司的客户长达98年了。

为了完善这一过程，我认为，审计师在公司审计所花费的数十万小时辛苦工作，应该产生更多的可操作性信息。其中一些信息能够直接向股东发布——毕竟，他们才是真正拥有公司的人。审计结果不是一个简单的通过/未通过标志，应该包括更多的细节和结论，详细描述那些令审计师夜不能寐的可能风险或其他事情。重点在于传播信息，以及让投资者和潜在投资者真正看到审计师的检查结果。

还有其他解决方案。一个方案是，需要公司定期更换其审计公司，比如说每10年更换一次。因为，这些是综合性公司，审计师和公司更换费用之间存在一条学习曲线，但是，就我看来，10年似乎比较合理。另一个方案是，让审计公司的主要合伙人在报告上签署他或她的名字，而不仅仅是公司名称。其他专业领域，人们会在工作成果上署名，诸如律师、医生、分析师和记者，这可以促使人们负起更大的责任。的确，现在银行首席执行官和财务总监必须为公司财务报表的准确性负责——《萨班斯—奥克斯利法案》的一个很重要内容——尽管激进会计仍有充足的余地。美国上市公司会计监察委员会已经提议进行这些改变了；但是，可以预见，审计公司都会拒绝这样做。不管其中哪一项措施得以执行，最终的目的应该是，增加透明度，因此，每个人——投资者、分析师、记者以及任何股东——都能精确地计分，并不断比较各个公司。最基本的是，要对数字保有信心，并且确保账户不会被篡改。几乎在100年以前，最高法院法官路易斯·布兰代斯(Louis Brandeis)就描述了开放和透明的好处。“阳光，”他写道，“据说是最好的消毒剂。”我还要补充一句：“让阳光照进来。”

破 产

2009年，我和儿子一起外出，这时，看到一家商店挂着手写的牌子，写着“不再容忍赖账人。”儿子问我，什么是赖账人。

“它指有些人不付账，”我解释道。

“就像银行危机，”儿子回答说。

我不清楚，他是如何把两者联系起来的。那时，他只有7岁，在家的时候，我尽量避免谈论自己的工作。但是，这种话题无处不在，并且，他必定是接受了一些道听途说的信息。我解释说，一些客户——就像金融危机期间的一些银行和贷款人——并不总是会支付自己的账单，“赖账人”是对这种人的一种旧称。

对话就此打住，但是，这必定会在他的脑海里留下印迹。上学期间，他在班级中得到一项任务，自拟主题，给总统写一封信，他写道（我修正了其中的拼写错误）：

亲爱的总统先生：

我投票支持你。我爸爸是一名银行分析师。从银行破产中，我产生一个想法，那就是制订一部法律，让每个人必须支付他们的账单，否则就到监狱中受罚。我爱你。

希望你会带来和平，好运。

其中，他也写到了和平，我认为这是一个很友好的行为。

我告诉他，某些情况下，会出现缓和的环境，我们有责任帮助那些真正贫穷的人。但是，令我震惊的是，为何7岁小孩子都清楚地知道银行危机解决方案：必须追究不支付账单的个人或公司的责任。

对我来说，不应该是“太大而不能破产”之类的观点，陷入困境的银行就应该允许其破产。事实上，我不能肯定，公司规模在这里会是一个关键性问题。过去的时期里，银行已经成为庞然大物——2011 年，美国最大的 5 家银行控制了银行业 2/3 的份额，就规模而言，这比金融危机之前的行业整合程度更高。我在华尔街工作的 20 年间，其中一些银行，规模增加了 20 倍，现在，3 家银行中的每 1 家都拥有 2 万亿美元的资产，比很多国家的整体经济规模还要大。如果这就是我们所担心的规模问题，就已经太晚了。

顺便说一下，对于这些超大规模的银行而言，有两件事情值得注意。第一，它们的增长大部分来自于兼并与收购。它们并不是像谷歌公司那样的增长，谷歌通过创造产品，并比同行做得更好来获得增长。相反，它们只是买入其竞争者。如果这意味着银行更高效的话，也还算不错，但是，如果规模增长太大，就无法进行良好的管理。第二，其中很多银行如果没有过去联邦政府的帮助，可能无法成长到目前这么大的规模。前几十年，所有银行危机中，银行破产都被认为会对经济造成极大的破坏。但是，政府救助——包括最近一轮金融危机——并没有解决这个问题。它们只是推迟了该问题，允许银行继续扩张规模和经营范围，使得下次潜在灾难的规模会更大。

真正的问题，不是规模而是执行。在没有外部干预的情况下，一些大公司运营非常好。不应该让这种情况消失。我知道，该过程会令人痛苦，但是，单独一家大型银行倒闭，比你只制定监管方案更有利，因为，这会提醒每个人牢记风险概念。事实上，破产并非是异常情况，它是资本主义制度至关重要的内容，可以总结为“创造性破坏”。经营最差的银行破产，会让那些经营状况良好的银行幸存下来。相比较而言，考虑一下日本及其僵尸银行和企业，多年来仍然靠失败的政府政策维持经营。

当前美国系统中，华尔街高风险性行为会带来的潜在收益，如果形势恶化的话，会远远超过潜在损失。你能够致富，并且如果实在行不通的话……你可以试着再次致富。鉴于一些银行业业已给最近国家整体经济造成了广泛破坏，破产必定会带来一些后果，并且这些后果应该会非常严峻。[沃伦·巴菲特最近对这些事情说出了自己的看法。如果让他负责国家经济，并且某家银行即将破产，他说，“就该没收首席执行官和他家(家庭)的全部净资产”。]

有些人可能会把雷曼公司破产作为证据，指出破产并没有对华尔街造成更大的改变。但是，雷曼是例外情况。政府故意让它破产——政府做出了一个慎重的决策，不准备救助——并且，在当时，这个决定是出人意料的。然而，几个月后,又有银行遇到了麻烦,政府为了救助整个银行业,做出了让步。它没有形成一个关于破产及其后果的先例——这次,政府只是偏离了其常规政策,经过仔细考量之后,马上就回归到了原有常规政策上。

至少,经历过几次灾难的大银行应该被分拆出售——这是一种介于当前政府充当后盾的现状和彻底破产之间的折中方法。这类措施可能会很难执行,但是,股东有可能会从中获益。在我看来,把陷入困境的公司打包成一个问题整体,与之相比,把它们作为单独部门通常会更有价值。

从根本上说,银行需要感觉到其行为后果的原因是,一般情况下,它们并不是成长型股票。它们不应该过快增长,或者以某种方式发现金融基本规则的漏洞。在短期内,一些新想法或资产类别似乎有成功的希望,但是,之后,人们蜂拥而入,推高其价值,当它不可避免地崩溃时,遭受重创。银行不应该这样经营,然而,它们中有很多就是这样做的。它们追求增长,并且通过不明智的行为来达到高增长。

如果你想得到一个银行应该如何运营的模式——不仅要避免高风险性行为和破产风险,而且还要向股东提供回报——仔细思考这个不太可能的候选对象:M&T 银行,它是一家位于纽约布法罗的区域性银行,美国最大的 21 家银行之一。银行名称代表着制造商和贸易商,源于 19 世纪。M&T 银行大约有 800 家分支机构,遍布大西洋区东北部和西部,并且,就具体运营而言,非常糟糕。没有金融工程,没有进军新兴市场。然而,这里有一个非常重要的数据:1983 年以来,M&T 银行一直是业绩表现最好的大型银行股。

这种缓慢、稳定的回报来自该银行专注于避免损失,风险最小化,以及不追求增长。M&T 银行严格限制自己犯下愚蠢错误,并且,它不会追逐金融流行时尚。这也有助于该银行避免管理层更替——自 20 世纪 80 年代早期,当前首席执行官就在这个位置上了——并且,它也不会向其高管支付过高薪酬。高级经理所得到的薪酬大约只有同行们的 1/10,但是持有本银行的股票超过同行 10 倍。当谈及这种低增长、低风险和低薪酬的方法时,该公司简单地回复到:“这是我们的操作方式。”

就如何运营银行来说,这是一个教训。如果你在限速每小时 30 英里的道路上,开到 60 英里,就会有意外交通事故。如果你限速驾驶,就会保持安全,并且从长远来看,你更可能胜利抵达终点。鉴于美国有可能会更接近于布法罗市所见到的低增长率,我当然希望,更多银行要像M&T那样运营,并且持之以恒地采用保守方法。相反,我非常确信,它们中有很多银行试图想出刺激增长的创新性方法——它们牺牲长期成功,追求短期收益。并且,这样做的后果,可能会对自己公司的生存能力造成威胁,并会破坏整个金融系统。

影响力

最后一个字母C代表影响力。如今,银行高管握有巨大权力,并且,核查他们行为的实体和个人——董事会、分析师、监管者等——要么接受指派,要么遭到反对。我认为,我们需要减少一些银行和业内人士的影响力,增加外部人士的影响力,外部人士可能会采取客观的,甚至是对立的立场。

让我们先从董事会开始分析。一般而言,董事会负责三种职责:(1)聘用首席执行官,评估其绩效,确定其薪酬;(2)设置银行整体风险偏好;(3)给公司提供几种独立监管。在所有三个职责范围内,最近董事会已经完全失去作用了。然而在大多数情况下,董事会基本完好无损,没有发生多大变化。

10多年来,薪酬一直是个大问题。1998年,我首次把它作一个严重的问题而提出来,当时,银行过于依赖股票期权,特别是向银行首席执行官支付过高薪酬,自那时起,这一趋势保持着加速状态,我对此提出大声的批判。按整数计算,最大银行的首席执行官们所得到的薪金,已经从20世纪80年代的6位数,增加到了90年代的7位数,到21世纪初,达到了8位数。这些薪金与其业绩几乎没有任何关联。如果你经营一家有序的金融机构,它并不需要救助,也不需要承担过度风险,同时,如果你可以持续增加营业收入,为投资者带来高额回报,就应该要求市场提供丰富的薪酬和奖金。但是,反过来讲,如果情况变得更加糟糕,你就不应该带着高薪离开。

董事长是签署这些决策的人,并且,最常见的情况下,董事会里塞满了内部人士:首席执行官和前首席执行官们,富人们在不同的圈子和世界各地旅行。

甚至更糟糕的是,董事们有时并不了解公司运作,这几乎排除了他们可能会发现潜在问题的机会。麦肯锡咨询公司,最近公布了一项公司董事会成员的调查结果,也支持这种说法。该调查在金融危机后3年,即2011年完成,当时,人们认为缺乏董事会监督职能是一个关键性因素。然而,仅有21%的董事回答说,他们完全理解公司发展战略。在金融部门,这个数字甚至更差:仅有6%的董事声明完全理解公司运营战略。这令我感到十分震惊。

调查还询问董事会成员，哪些特定方式会让他们变得更好。大多数被调查者认为，他们需要在公司业务上花费更多的时间，提供更好、更及时的信息。他们还认为，董事会成员拥有更广泛的背景和专业知识水平也会有所帮助。虽然这些组织肯定会比有丰富经验的专业人士更好，但是，还会有很多不同观点，这会向该过程中注入一些必要的客观性。

分析师本应作为金融系统的巡查员——认真研读企业的财务状况，并告诉投资者们，正在发生的真相是什么。如今，华尔街大约有5 000名所谓的卖方分析师，其中5%左右追踪研究金融业，他们所跟踪的美国企业总市值超过15万亿美元。（股票研究的另一阵营由买方分析师组成，他们直接为公司工作，诸如对冲基金、共同基金公司，以及其他投资公司；一般情况下，他们的分析和评级并不对外公布。）

然而，作为一个整体，我们需要做得更好，这是一种挑战，因为缺乏足够高效的分析师，难以让这些公司担负起应有的责任。在卖方分析师阵营中，他们会追踪某个特定公司，一些分析师是新手，缺乏足够的经验或视野来识别问题，另一群人比拉拉队长也强不了多少。华尔街上的卖出评级比例一直维持在5%之下，即便在今天也是如此，然而随便一个MBA新手都能告诉你，如今，市场上95%的个股都不可能赚钱。季度业绩报告会上，自始至终，我都会听到这些死多头分析师的言论。他们首先会问一些无关紧要的问题，有时，他们一开始就说，"季度业绩很好"，就好像他们在庆祝首席执行官的工作一样。

毫不奇怪，为什么我的问题一直不会在业绩发布会上得到回答。有时，银行就是不想听到我的问题，尤其是在其他分析师仔细聆听的时候。有时候，公司不会注意到我——毕竟，这是电话会议，管理层可以通过选择性地回答来控制对话。全美投资者关系协会最近一项研究发现，80%的公司——并不仅仅是银行，而是所有上市公司——在业绩发布会期间，会掩盖问题，却没有透露他们的所作所为。在这种事情发生时，我仍然感到惊讶：我拨入电话，在键盘上正确按键，一直到手指变得麻木为止，然而，我的问题或许并没有成功提交。管理层会宣布，他们没有时间了，好像某些事情比回答股东问题更重要——这些人才是公司的主人——并且，像我这样的分析师会关注他们的利益。

当允许我提问题时——通常在接近电话会议结束时——有时，我会问一些极其明显的问题，以致我都不敢相信，之前没有人提出过这些问题。2011 年 1 月，美国银行举行业绩发布会，讨论公司财务结果，并且，还会披露重大信息。该公司曾卷入多项与其最初发行抵押贷款相关的诉讼。（2008 年初，美国银行并购了美国国家金融服务公司，这家最大的次级贷款发行银行导致了房地产危机。）电话会议期间，该公司说，这些法律诉讼风险上限会是 70 亿～100 亿美元。其他分析师急切地开始讨论公司财务的其他方面内容，其中一部分内容是相当晦涩难懂的技术性问题。最终，我接通电话——是整个电话会议中第 8 位分析师，之前已经提出过 28 个问题。我的问题：70 亿～100 亿美元是税前还是税后？这个回答意味着，公司财务出现大约 30 亿美元的变动。顺便说一下，美国银行的估计是税前值，尽管在几个月之内，公司就已经超过了电话会议中所宣布的上限。

有时，针对我的问题，会得到不太友好的回答。2011 年，科凯集团宣布，它已经提取了大量坏账准备金，以便它能够报告该项目的收益。即便是在稍不真实的会计世界中，这也是一个极其大胆的举动，因为准备金几乎总是被看作费用项目。科凯集团的举动，就像有人从储蓄账户中取钱出来，声称他刚刚涨了工资。业绩发布会期间，我问及了此事，以及这种非常规性的操作，是否会有助于提高薪酬水平。首席执行官回答说，他觉得我的问题“有点无礼”。首先要澄清的是，我不确定其中的关联程度——如果有的话，银行也不需要告诉我们——并且，如果存在，那么它或许也是次要的。但是，至少应该允许我问这个问题。一名在电话会议上听到我问题的投资者，之后给我发了一封电子邮件，说“我觉得首席执行官对你问题的回答才无礼”。另外一次，公司拒绝透露关键信息。2011 年 7 月，第一资本金融公司（Capital One）宣布了其季度收益，同时，发行 20 亿美元股票，帮助偿还并购款项。这是一次重大交易，但是，该公司拒绝举办例行的季度业绩电话发布会，并且，所披露的信息也比标准财务报告少。特别是，它省略了不同业务部门的损益概要情况——如果你想知道该公司当前现状、增长前景以及公司劣势，这是关键性信息。分析师问及此事时，银行拒绝回答，一直到新股售出后，才予以发布。这就像在卖车时，不让买车人试驾一样——甚至都不让打开引擎盖。事实上，后来所发布的财务细节表明，该公司在核心信用卡业务组合的收益比较低，正常情况下，这会招致严格的审查。然而，在 8 月一个周五下午 17:13，第一资本金融公司发布了新消息，当时，大多数金融部门都已经去度周末了。1 个月前，购买上市股票的投资者已经被套牢了。

自 2011 年开始，高盛公司甚至专门努力改善其信息披露，仍然显示，其 30%的总收入——来自于固定收益、外汇和大宗商品交易领域——只是一个单独的总额数字。财务报表没有提供更多有用的基础信息，也没有每一部分对该项目贡献大小的数据。尽管高盛有了显著的进步，但是它仍然存在信息盲区，要投资者对黑箱无条件地相信。这并不是在赢得比赛——而是在向裁判的眼睛扔沙子。

第三类缺乏影响力的外部人士是监管者。我对监管者的职责极为尊重，只是他们不能充分详细地审查银行。首先，人数远远不及华尔街，被华尔街搞得筋疲力尽，无法抵挡华尔街的势力。尽管就开支和员工数量而言，监管者永远无法与之抗衡，但是美国可以参照伦敦的一些做法。在过去 10 年中，英国相当于美国证券交易委员会的机构(称为金融服务局)解雇了大部分员工，重新以更高工资聘用更高素质的人才。此举使得监管者跳槽去私营部门赚钱的动力不再那么强烈，而且也增加了银行与监管部门之间的相互了解。

在美国，两个主要监管机构——美联储和财政部——本质上存在一个通道，允许高级银行经理在公共部门与私营部门之间跳槽。高盛公司首席执行官亨利・保尔森(Henry Paulson)，曾是乔治・W. 布什(Jeorge W. Bush)任期内的财政部长。在财政部取代保尔森的人，约翰・斯诺(John Snow)，现在是私募股权公司赛伯乐资本管理公司(Cerberus Capital Management)董事会主席。如今，甚至连艾伦・格林斯潘都担任太平洋投资管理公司(Pinaco)顾问，这是一家专门从事债券的投资公司。这样例子不胜枚举。

这种高级经理在公共部门和私人部门之间的流动，只会培育出内部人文化，制定规则时会相互沟通与影响，特别是，通过游说来削弱那些有可能会影响其业务的法律。金融危机的前 10 年，金融业在游说上花费了 27 亿美元，如今，这种费用继续接近创纪录水平。国家经济研究局(National Bureau of Economic Research)最近一项研究发现，银行游说与监管放松之间存在着正相关。自 1999～2006 年，93%的试图收紧贷款的法案，在它们成为法律之前，就被击败了。

如果美国监管机构采取强硬手段，他们可能会在金融危机后采取更强硬的立场。事实上，他们可能会说，他们“会毫不动摇地坚持(我们)希望确保，公众对……银行系统的信心，就是通过适当的披露，重振对所有专业和不道德的行为的零容忍政策”。或者，他们可能会说，他们“确保将那些导致银行倒闭的银行人员与债务人绳之以法，并且，在法律允许的范围内，没收所有违法行为所带来的收益”。

然而，这些声明并非出自美联储主席本·伯南克，而是出自尼日利亚 2009 年银行业危机后的中央银行负责人。那些在业务经营中犯有无心之过的高管应该被投入监狱吗？或许不能，但是，这种声明需要自上层就定下强势的基调。有谁会认为美国银行系统能在尼日利亚面前放弃道德制高点呢？

在这场监管机构与市场力量的辩论中，会有趣地看到，地位会随时间而变化。1997 年，艾伦·格林斯潘之后成为美联储主席，说，“没有哪个市场是从来真正不受监管的。市场参与者的自身利益催生了私人市场监管”。他的意思是说，分析师和投资者都足以维持银行秩序，政府差不多应该置身事外。10 年后，他在 2008 年国会听证会前受到了毁灭性的质问，其间，他承认，在这方面他犯了错。但是，我并不认为，他真的错了。这并不是说资本主义行不通——它可以运作良好，为每个人提供足够透明和充分的信息，看到并理解真实情况到底是怎么一回事。

政府应该保护消费者，但是，我并不认为它能够——或者应该——对自由市场进行微观管理。几十年前，如果一名消费者借入太多钱后破产，这就是他的过错，银行和贷款人必须承担后果。今天，过度杠杆化的贷款人是受害者，人们会指责银行的贷款行为,并且,我们所有人都会通过政府救助而为这些后果埋单。

相反,我们需要更好的资本主义模式。新模式首先从会计制度开始:允许银行自由地经营,不过,必须确保局外人士能够看到数字(真实的数字)。还要有破产制度:让那些能够从风险中获利的人——包括贷款人和银行管理者——在出现错误时,承担后果。更好的资本主义模式还意味着,减少大银行的影响力。所有监管银行的第三方,应该有充分的自由,切实起到监督和平衡利益的作用。同行们——拥有5 000多人的华尔街卖方分析师——应该首当其冲,充当市场监督员。这需要文化的转变,市场新文化应该能够确保分析师充分依靠自身智慧,对那些在美国经济中拥有巨大控制权的上市公司,做出独立的评价分析。

这些就像 ABC 一样简单,但是,它们将有助于确保银行部门创造出长远价值,近年来,这些做法却令人难以捉摸。

第十章　生活的意义

《贼巢》(*Den of Thieves*)是关于20世纪80年代华尔街内幕交易丑闻的权威著作,其中不乏精彩章节,如“伊凡·波斯基(Ivan Boesky)外出就餐”。在该书中,波斯基是一个大反派人物——他培养那些可以给自己预先通知并购消息的关系,这使得他可以在这些交易宣布之前建立多头仓位,通过这种手段,他积累了巨额财富。这是一种有效的策略,却是违法的。波斯基承认有罪,帮助调查人员起诉迈克尔·米尔肯(Michael Milken),并在监狱中服了几年刑。

该节内容中,波斯基处于其权力巅峰时,他来到一家餐馆,当时,这是位于曼哈顿中央公园附近的一家寺庙,有很多美食。波斯基不知道自己想吃什么,因此,他就没有具体下单。他点了菜单上的所有主菜,服务员推出一辆小车,上面有8个盘子。品尝过每道主菜后,波斯基挑出自己最喜爱的,把其余的再退回去。所有菜他全部埋单,但是只吃一道。

过了一段时间,我也有了一次亲身体验,只不过并非那么奢侈,不是在高档曼哈顿餐馆,而是在一家老式家常餐馆。我的两个大孩子分别是4岁和2岁,有时,我会带他们去吃早餐,部分原因是要证明,我也能够单独完成这种任务。夏季,我们会去长岛东区尽头一家叫牛肉饼面包店的地方。它是标准配置——老式奶昔、7个蓝色垫子的柜台,柜台周围大约有12个转椅。从天花板上垂下来的条幅上写着“请等待服务员为您安排座位”和“对不起,一个人不能占两个位子”。

身处于这种朴实无华的氛围中,我喂养孩子的方法却奢侈得有些滑稽。我认为，女儿会吃厨师现做的奶酪煎蛋卷，但并不能确定，因此，又给她买了法国吐司。儿子通常吃燕麦片，只要我点些红糖，但是为了以防万一，又给他点了葡萄干煎饼。偶尔他们会喜欢水煮蛋，我又点了两个。保险起见，我又点了双份香肠和土豆饼，外加松饼(蓝莓和烤玉米)。感觉是，我把菜单都点齐了，食物端上来时，服务员花费了很大劲才把所有盘子挤到了桌子上。

理由是，我不想来回跑，后来发现孩子们仍然还饿，这意味着我的工作没有做到位。但是，像这样经过几个周末早晨后，我意识到，这或许并不是最佳的方法。给孩子们提供过多选择，我这是在溺爱和惯宠他们，更别提浪费大量食物了。尽管我正在做一项工作——让他们吃饱——但是我没有做到另一项工作，那就是教会他们热爱所拥有的一切。

总的来说，过去一年里，我越来越把这看成是自己的核心观念:金钱可以做很多事，但是它无法让你摆脱生活中的挑战和问题。它本身并无好坏之说——只是一个工具。但是，当我们万事以金钱为先的时候，包括职业选择，事情可能会变得越来越糟。

早在1999年，我对银行部门的强烈负面卖出评级，激起巨大波澜，因为当时大多数分析师，对银行及其所有相关部门都持积极买进观点，并且，根据华尔街那些有点扭曲的规则，积极看多才算言之有理。你可以通过发布积极评级变得富有，尤其是在20世纪90年代末的牛市期间。我的负面评级不赞同这种想法，并且，很多人无法理解，我为什么会采取这样的立场。毕竟，自由市场的资本主义文化假定，人们对物质商品的欲望是无止境的。我把所有这一切置之事外，把自己的职业生涯押注到了一个规则上——我有权如实地说出，我如何看待所研究的银行——并且，这让其他人感到疑惑。他们认为，我必定是别有用心，在玩一些他们无法想到的诡计。我的诡计是，在这个特定的时间内，当我认为时机适合时，会锻炼从事自己工作的自由意志:真实地说出自己所看到的银行板块的问题，在这一过程中无怨无悔。

这是一个巨大风险，可能会脱离预期发展轨道，或者结束我的职业生涯。在其他人身上，我看到过类似经历。1990 年，一名分析师说，特朗普公司的新大西洋城赌城泰姬·玛哈(Taj Mahal)无法达到预期目标，由于“这里从 10 月到次年 2 月一直寒风凛冽”。10 年后，我还能记得这句话，当时，我还要打电话声援他，鉴于他受到的不公正待遇——因这些评论他被解雇了，之后，事实证明他的评论是正确的。

但是，我愿意抓住这个机会。我并不确定，这是否源自于自己所掌握的资料，但是，这可能是我成长过程的一种反映。我出身于殷实的中产阶级家庭。当时，继父从事铝板业务，有几次，他需要把工人从监狱中保释出来，以便他们可以在周一出现(并且完成他所许诺完成的工作)。我的很多亲戚没有上大学，或者，他们本来想上，结果没有成功。在成长过程中，我和兄弟姐妹并没有得到任何意义上的权利。如果我必须牺牲自己在华尔街的职业，重新回到那种生活中，那倒也不是世界末日。

我经常详细地记起拜访继父和妈妈在贝塞斯达的流浪者餐馆。上高中的时候，我经常会在晚上过去，夜晚时分，人群会从酒吧出来，来到桌边就餐。继父多才多艺，与每个人打招呼，和顾客开着玩笑，在晚餐前给餐馆员工分派工作。在一个特殊的夜晚，18:00 我走进来，他给了我一个大大的拥抱，之后，冲着吧台末端的男子点了一下头。“看见那个家伙了吗?”我随便扫了一眼。“那家伙是百万富翁。在贝塞斯达建造了大量的房屋，”继父说，“他是一个笨蛋。”

现在他引起了我的关注。之前，我从未见到过百万富翁本人。我记得当时在想，怎么一个人如此成功，仍然还是一个笨蛋?

继父抿了一口酒，说道，“他有那么多钱，还继续工作，努力赚取更多。他不知道如何享受。他应该退出去，找点乐子”。

这是一段生动的记忆——一位百万富翁，我尊敬的继父把他指给我看，这位富翁却没有在生活中享受快乐。多年以后，我想起继父的生活方式。你努力工作赚钱，一旦你赚够了钱，就应该停下来。但是，现在我可以确信，从最好的角度来看，这种态度还是过分简单化了。

1985 年，我刚刚走出大学校门，有段时间，我喜欢玩扑克牌 21 点。这是我生活中的一个不稳定期。一些朋友仍然有兴趣参加马里兰大学的聚会，而其他一些人对即将开始的职业生涯热情高涨，或者去研究生院取得商业或法律学位。我在 IBM 上班，心里对我一生的事业没有一点底，越来越觉得不应该在 IBM 工作一辈子。在某些晚上,和朋友一起去乔治王子县消防站所举办的小型赌场,距离大学园区中我之前所在的老校园并不远。只要你参与赌博,他们就会给你免费食物——火鸡三明治等——还有免费生啤。在你 22 岁时,这可是两个极吸引人眼球的卖点。

我读过一些有关 21 点技巧的书,学会了在什么时候分牌,以及在什么时候双倍下注。像这样的策略在消防站赌局会受限制,但是,这里距离大西洋城有 4 个小时的车程,因此。我们也会去那里旅行。我在这种游戏中表现相当不俗,此时此刻,我想投入其中,以求进一步发展。我想,自己可以自学如何计数,这对我更加有利。当时,相比朝九晚五的工作而言,从事这项工作似乎会让我赚取更多。

但是,即使假设正确——也许是孤注一掷——思考再三后,我更加不能确信,这就是值得我去努力的事情。如果我赢了,我会希望下次赢得更多。如果我输了,我就想继续下去,期待再赢回来。再说,我这是做什么呢,难道只是一天又一天地坐在赌场里?我的所作所为,只是为了免费食物,这没有任何意义——我输钱时,这肯定不能说是免费的——并且,这种快感,也只是短暂的。幸运的是,我被 MBA 录取了,使我开始更明智地安排时间。

几年后,2000 年,我被解雇时,手头又有了多余的时间,我开始问同样的问题。瑞士信贷说我虚伪——我召开了一个大型电话会议,并因此失去了工作。同时,我马上意识到,钱并不是问题。我感到迷茫困惑。你只能去进行大量的高尔夫球运动。我觉得世界好象已经停止了。而我只能是无所事事,每天下午在沙发上打盹,而不是做自己喜欢的工作。很快,我就开始想知道,自己存在的重要性。我在这个世界上会有什么作为?我真正警醒,没有目标的生活会很空虚。

如果我真正能达到这些数字,生活将会是什么样子,这只是一种体验——甚至如果我能够计算数字——同时,它展示了那种想法中存在的问题:这都与终点线有关,但这并不是跑步比赛。一些人可能会长时间地躺在沙滩上,但是,我不能那样。我迫切地希望继续工作。或许那个在流浪汉餐馆的百万富翁坚持工作,只是因为他喜欢。很明显,他擅长于自己的工作,或许每天进出办公室以及有所收获,会给他的生活带来意义。

通过间接的方式,继父就金钱问题给我上了另一课。综观他的一生,经历过一系列的金融危机,那时,餐馆倒闭后,他不得不宣布个人破产。因为我与他同名同姓,他死后,我接到过讨债机构找他的电话。有一次,在小女儿命名仪式期间,我就接到过电话,当时,家里面坐满了亲朋好友。我一直在解释,有两个不同的迈克·梅奥,我并不是他们要找的那位,如果不信,可以去核实社会保障号码。努力澄清名字的行为,并不是总能成功——由于这种混淆,我有好几张信用卡都被拒绝使用。整个情况令我有点尴尬——它不断地提醒我,为什么金钱是一个复杂的事情,以及为什么我需要随时为金融危机做好准备。

我的快乐来自于自己擅长的工作,而不是购物。购物过程,即使是买奢侈品,也无法给我带来丝毫乐趣。事实上,有时候还会令人十分不悦。在我重新布置家时,杰姬负责所有设计决策,但是,为了设置一间家庭办公室,我有了一项任务——为办公室挑选一把椅子。我必须到纽约第三大道 59 号的 D&D 大厦和设计师会面。大厦的名称代表着设计与装潢,大厦内店铺林立,直接向"交易者"销售,这就意味着,只向专业设计师和建筑师销售。我还不知道有这种地方存在。

我们进入这个似乎有足球场大小的展厅内,里面是一排一排的展示区域。我看到了软椅和硬椅、安乐椅、俱乐部椅、路易十四椅,还有没有名称的椅子。一些有厚垫,另一些没有,当然,有厚垫的椅子可以单独出售,因此,如果你的椅子不是从一家采购,那么你就能够找到可以匹配的椅子。5 分钟后,我对设计师说,我可能不会待更长的时间。

另外,有些椅子下面围上布条,称为"椅裙",这就意味着有另一组选项:褶裥裙、高裙、开衩裙、瀑布裙、普通老式标准裙(9 英寸)。令我头晕眼花。

之后,就椅子靠背来说,有可以打开及收回的,有方形的,有可调距的,有半连接的,有带按钮的,有植绒的,还有用钉头装饰的。表面材料可能是桃花心木、炭烤桃花心木、黑桃花心木、栗木、乌木、松木、胡桃木,当然还有材料订做。有黄金边,软垫锥形腿,安装侧板,可选枕头,整节距休闲椅……甚至这还没有谈到颜色和织物的纹理,那就意味着还有另外几千种选择在等待筛选。

我终于忍不住了,离开这里到了健身房,气愤地说:"我只是想买一把椅子!"

我在想，这就是多年额外工作的补偿吗？为什么我工作至深夜，眼睛通红地飞到欧洲，还被困在办公室和酒店中，为什么我会被首席执行官们嘲笑，被同事们回避？所有这一切，我就只能买一把椅子吗？这就是真正的奖励吗？我宁愿像傻瓜一样站着。

还有另一种方式，前美联储主席保罗·沃尔克是我的行业榜样：对于金钱的态度。我最近听说了他的一则轶事，当时，一些人在吹捧一名炙手可热的年轻对冲基金经理，以及这个人在某一年做得极其出色。沃尔克听到这些，考虑了一会儿，说，“我有一些他从未有过的东西：够了”。

2000 年，我被解雇后，在流亡华尔街期间，我又学到了另一个教训：孩子也有助于你对那些重要的事情保持专注。我女儿 6 个月大的时候，我花了大把时间和她共处，这对我来说是全新体验。随后几年里，我试图保持这种平衡——我不会一直成功，但是，通过调整日程安排，我已经能够在生活中与孩子们互动。例如，我偶尔计划在晚上 20:00 或者更晚一些吃工作晚餐，这样，就能回家待几个小时，在孩子们上床睡觉前，看看他们，之后，再返回来会见客户。我解释其中缘由时，差不多所有人都能理解。

有时，两个并行的世界也会出现不和谐。一次，几天商务旅行回来后，我中午抽时间带女儿到曼哈顿西城自然历史博物馆参观蝴蝶展。这次展览是在一楼一个温暖、湿润的场馆，这感觉像是在热带地区。我们进来不久，接到一个手机，有人挖苦我说，为什么那天摩根大通的股票在上涨，尤其是，我曾说过这只股票应该下跌。这只是一种小型轧空，因为我是唯一一名持负面立场的分析师，那天，与其他分析师相比，我的判断错误更大。我快速回答了这个问题，走到里面看蝴蝶，我挥汗如雨，无法确定这是因为闷热的房间，还是因为那个电话。

还有一天，我记得，自己上午参加了大型并购会议，中午与银行首席执行官会谈，下午 15:30，放下手头工作去参加晚些时候的音乐课，在那里，演唱弱智的歌曲时，我得在红球上把 2 岁的儿子弹上弹下。（“我是一个弹跳球，蹦蹦跳跳永不落……”）音乐老师向全班宣布，她在电视上看到了“萨姆的爸爸”。几年后，我又与自己小女儿坐在类似的班级中，这时，黑莓手机响了，我必须接这个电话。那是在 2007 年，我们得到了一个信息，这场金融危机可能会真的极为糟糕。“我马上回来!”简洁回复后，跑出了教室。在大厅里，我对自己办公室员工说，银行刚刚披露了数十亿美元的高风险资产。玻璃隔板的另一边，老师还在挥舞着布袋木偶，向满屋的孩子们唱歌，我的孩子也在其中，所有人发出幸福的微笑，却不知道南方几英里外的华尔街正在发生重大的危机。

妻子是一名医生，我们两人之间，你可能会想到，她会从自己的工作中找到一种使命感。她是一名内科医生，要在患者同意手术之前征询其意见，之后，评估病史，确保手术过程安全进行。有时，患者会非常焦虑或害怕，并且，偶尔她会找出一些重要的和以前未确诊的事情。换句话说，从我的角度来看，她直接改善，甚至是拯救了生命。她热爱自己的职业，在享受工作中发现了意义所在，并且，在患者最敏感脆弱的时刻，她给这些人带来了秩序和安全的感觉。

但是，她并不认为，生活的意义来自于工作，即便是医学职业。或许这是因为，她的工作在本质上充满了意义。她不会经常面临金钱问题及其带来的恶果。妻子是一名科学家和实用主义者，并且，她认为，生活根本就没有整体意义。生物特性会安排我们的生存和繁衍，仅此而已。认为我们的存在应该有些意义，这只是一种人性冲动，但是，她也不完全认为一点意义也没有。我认为，这也是为何她擅长让我心无旁骛的原因所在。某些特别的日子里，我在工作中完成了一些重要的事情，我把这告诉她时，她就会抱住我，说“干得好。现在去把垃圾拿出去”。

具有讽刺意味的是——这个华尔街家伙在争论自己工作的激情和意义，他妻子，一位医生，回答说没有任何意义，这是不现实的，事情就此结束。我真的相信自己的观点。我认为，生活的意义在于发现自己擅长的事情，发现自己喜爱的事情，以及通过自己的工作可以让情况有一点点儿改善，犹太教有个词语，修善世界，其意思是“让世界更美好”。这个观念是，人们做事情，不应该是因为宗教需要他们这么做，而是因为这会让世界变得更美好一点儿。

我承认，许多华尔街人并不期待自己的工作有更大意义，相比之下，更愿意在赌桌上赚到钱。然而，这对我并不适用，也没有必要，因为总体上来说，这会形成一个高效的整体市场。并且肯定会比让政府来告诉我们在哪里以及如何分配资源要好得多。当追求自身利益战胜一个人的职业义务和责任时，问题就会出现。

金融业内，谈及投资、管理，以及保护他人财产时，有各种各样的显性和隐性协议。这些都有一个共同点——有义务在运营时坚持职业道德。当这种义务瓦解时，就会产生鼓励违反协议的动机，坏事就会发生。这些违反协议包括，甚至在股东遭受损失时，首席执行官得到更多的薪酬；会计师事务所和评级机构把那些支付费用的公司当作“客户”；监管者降低标准增加自己领域内银行的数量；政治家使用政府资金和担保追求短期利益，并以长期利益为代价换取选票；个人说谎，或被允许在信贷申请上这么做。遗憾的是，“一粒老鼠屎坏了整锅汤”，金融危机期间，出现这种行为，会严重破坏我们的银行部门和经济，也会伤害我们在金融系统中的信用。

这是为何我认为自己工作有意义的原因所在。如果我能改变银行运行的方式，即便是很少一点儿，减少一些最糟糕的实践，并突出那些最好的实践，那么，我就算完成了一些有意义的事情。

我有一位堂弟，毕业于西点军校，后来在伊拉克参战。当他调回国内时，在我儿子的班级演讲，有个小孩问到，他最大的敌人是谁，或者说，是什么。他深思了一下，之后说，“贫困”。经济发展是一股推动世界向善的力量，并且，资本主义是实现这个目标的工具。但是，要想让它有效，必须进行透明化操作。它需要人们负起责任，自己充当代理的东西要比自己的利益更重要，偶尔相互矛盾时，要放弃自我利益。

在职业生涯中，我开始赚取金钱，并发现生活的意义。几乎在20年前，我认为，实现某个数字，会让自己无忧无虑，在那个阳光明媚的春天，我独自一人坐在佛罗里达的波姆庞帕诺滩，不必考虑是否停止继父的生命维持系统；母亲也不会死于多年与癌症的抗争；妻子也不会深受父亲离世之苦，在新泽西医院的一次拙劣手术中，她父亲不幸身亡；我也不知道，周六早晨和孩子们一起吃早餐会给我带来这么多快乐，特别是他们只点了一样食物，并真正吃了。我当时认为钱可以替代一切，或者它可以带走痛苦——我并不知道，与生活中所遇到的事情相比，我的目标是多么的狭隘。

人生中的每一步，我都担心失败，只盯着细枝末节，这通常与我的未来没有任何关系。好几年，我都没能在华尔街获得一次面试机会，但是，在美联储汲取了丰富的经验，得到了一些乐趣，并且遇到了我的妻子。我曾在瑞士联合银行为一名苛刻的老板工作，但是这却让我熟悉了业界的情况。1999 年，我对整个银行业持负面观点，交易员几乎把我踢出雷曼公司，但是这却让我决心进行职业生涯的一次大冒险。我被瑞士信贷解雇了，离开后，公司遭遇了一连串监管问题，而我进行了自我救赎。

我也不认为自己全知全能。每天，甚至每年，在我没有去工作时，都在不断地思考自己为之奋斗的伟大目标。像大多数人一样，我也只是想做一份好工作。我也有重要的专业目标。但是，多数情况下，我认为，自己已经知道，工作本身就是一种奖赏。生活的意义是什么？对我来说，它就是每天早晨起床，亲吻妻子，拥抱孩子，出去工作。

致谢

感谢我的银行团队,主力成员——克里斯·斯帕尔(Chris Spahr)、罗柏·鲁茨乔(Rob Rutschow)、马特·菲舍尔(Matt Fischer)、汤姆·轩尼诗(Tom Hennessy)和汤姆·希勒(Tom Shearer)——他们不仅为本书提供了分析、审查和审校支持,而且还每天与我共同研究。里昂证券一直大力支持我的独立性研究,以及本书的创作,特别是乔纳森·斯隆(Jonathan Slone)、埃德蒙德·布拉德利(Edmund Bradley)、杰伊·波劳德(Jay Plourde)、格蕾丝·黄(Grace Hung)和西蒙·哈里斯(Simon Harris),所有这些人继续留在创始人顾家利(Gary Coull)那里工作。非常感谢玛丽·贝思·基桑(Mary Beth Kissane)对本书概念的鼓励,杰夫·加里利亚诺(Jeff Garigliano)帮助我找到录音,以及威利公司的劳拉·沃尔什(Laura Walsh)和其同事共同促成本书出版。当然,还有孩子们,丽莉、萨姆、斯特拉(Stella),妻子杰姬,她在很多个深夜里不知疲倦地帮我编辑,或许有一天会意识到,我问了所有正确的问题。

汇添富基金·世界资本经典译丛

第一辑

《攻守兼备——积极与保守的投资者》
定价：39.00元

《伦巴第街——货币市场记述》
定价：25.00元

《伟大的事业——沃伦·巴菲特的投资分析》
定价：28.00元

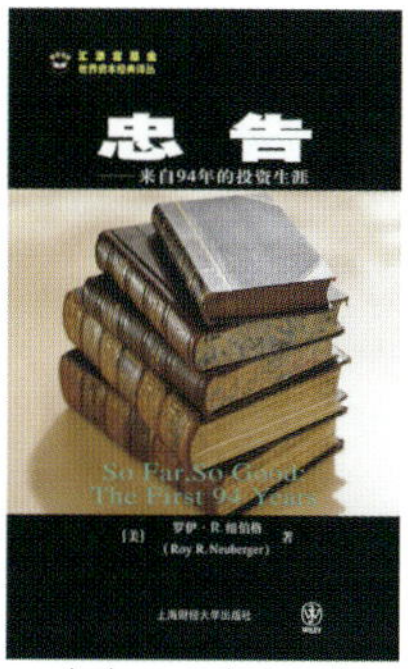

《忠告——来自94年的投资生涯》
定价：25.00元

《尖峰时刻——华尔街顶级基金经理人的投资经验》
定价：30.00元

《浮华时代——美国20世纪20年代简史》
定价：35.00元

《战胜标准普尔——与比尔·米勒一起投资》
定价：29.00元

《价值平均策略——获得高投资收益的安全简便方法》
定价：29.00元

第二辑

《黄金简史》
定价：43.00元

《投资存亡战》
定价：32.00元

《华尔街五十年》
定价：30.00元

《华尔街的扑克牌》
定价：37.00元

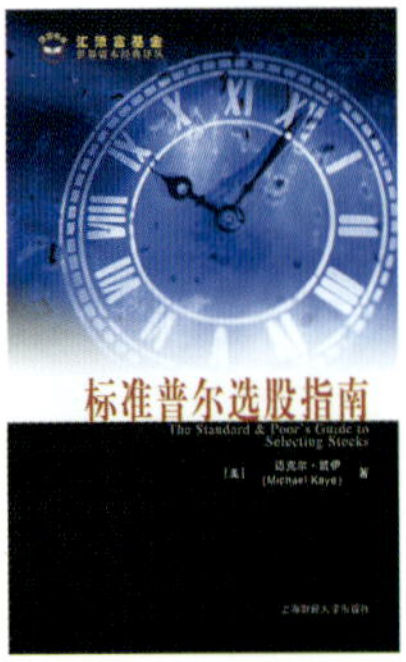

《标准普尔选股指南》
定价：31.00元

《铁血并购——从失败中总结出来的教训》
定价：42.00元

《先知先觉——如何避免再次落入公司欺诈陷阱》
定价：29.00元

《戈尔康达往事——1920~1938年华尔街的真实故事》
定价：33.00元

第三辑

《大熊市——危机市场生存与盈利法则》
定价：28.00元

《共同基金必胜法则——聪明投资者的新策略》
定价：42.00元

《华尔街传奇》
定价：26.00元

《智慧——菲利普·凯睿的投机艺术》
定价：28.00元

《投资游戏——一位散户的投资之旅》
定价：30.00元

《孤注一掷——罗伯特·康波并购风云录》
定价：32.00元

第四辑

《证券分析——原理与技巧》(全二卷)
定价:92.00元

《股票估值实用指南》
定价:36.00元

《点津——来自大师的精彩篇章》
定价:36.00元

《策略——决胜全球股市》
定价:31.00元

《福布斯英雄》
定价:24.00元

《泡沫·膨胀·破裂——美国股票市场》
定价:39.00元

第五辑

《美林证券:致命的代价——我与华尔街巨鳄的战争》
定价:29.00元

《货币与投资》
定价:30.00元

《新金融资本家——KKR与公司的价值创造》
定价:30.00元

《美国豪门巨富史》
定价：65.00元

《交易员、枪和钞票——衍生品花花世界中的已知与未知》
定价：42.00元

《货币简史》
定价：25.00元

第六辑

《银行家》
定价：36.00元

《伦敦证券市场史（1945～2008）》
定价：68.00元

《巴里·迪勒——美国娱乐业巨亨沉浮录》
定价：36.00元

《投资法则——全球150位顶级投资家亲述》
定价：52.00元

《睿智——亚当谬论及八位经济学巨人的思考》
定价：34.00元

《伯纳德·巴鲁克——一位天才的华尔街投资大师》
定价：42.00元

第七辑

板块与风格投资
定价：35.00元

财富帝国
定价：35.00元

股票市场超级明星
定价：48.00元

黄金岁月
定价：45.00元

失算的市场先生
定价：47.00元

英美中央银行史
定价：49.00元

第八辑

大牛市
定价：56.00元

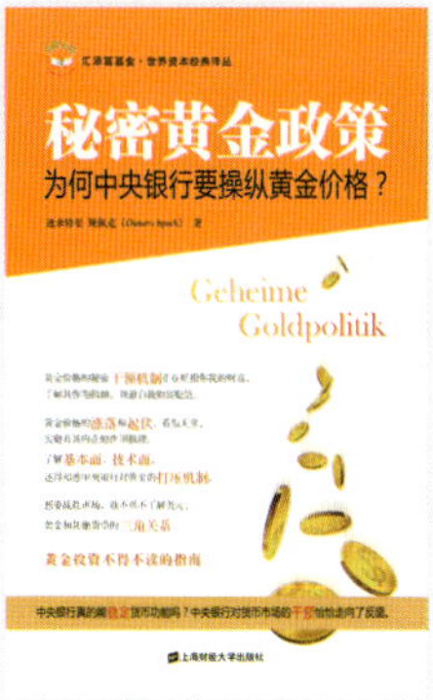

秘密黄金政策
定价：42.00元

通货膨胀来了
定价：37.00元

像杰西·利维摩尔
一样交易
定价：37.00元

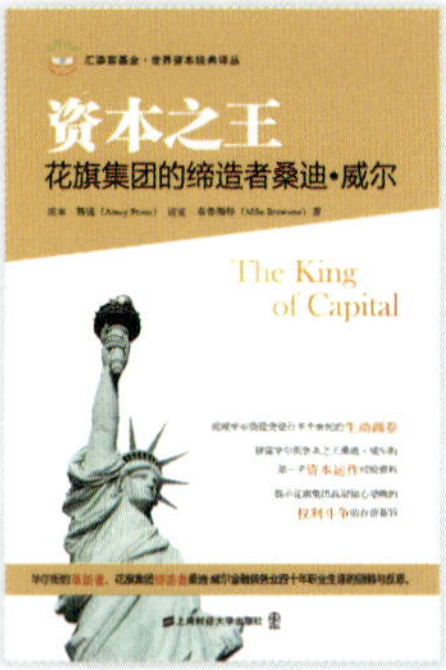

资本之王
定价：45.00元

第九辑

矿业投资指南
定价：43.00元

从平凡人到百万富翁
定价：45.00元

交易大趋势
定价：42.00元

像欧奈尔信徒一样交易
定价：48.00元

资源投资
定价：43.00元

上海财经大学出版社有限公司
地址：上海市武东路321号乙　邮编：200434　网址：www.sufep.com
电话：021-65904895　021-65903798　021-65904705　传真：021-65361973
汇添富基金管理有限公司
地址：上海市富城路99号震旦国际大厦21层　邮编：200120
网址：www.99fund.com　电话：021－28932888（总机）　传真：021-28932949